역사 속 리더들의
유쾌한 **아이디어**

역사 속 리더들의 유쾌한 아이디어

발행일	2021년 6월 25일

지은이	오세열		
펴낸이	손형국		
펴낸곳	(주)북랩		
편집인	선일영	편집	정두철, 윤성아, 배진용, 김현아, 박준
디자인	이현수, 한수희, 김윤주, 허지혜	제작	박기성, 황동현, 구성우, 권태련
마케팅	김회란, 박진관		

출판등록 2004. 12. 1(제2012-000051호)
주소 서울특별시 금천구 가산디지털 1로 168, 우림라이온스밸리 B동 B113~114호, C동 B101호
홈페이지 www.book.co.kr
전화번호 (02)2026-5777   팩스 (02)2026-5747

ISBN   979-11-6539-820-0 03190 (종이책)   979-11-6539-821-7 05190 (전자책)

(주)북랩 성공출판의 파트너
북랩 홈페이지와 패밀리 사이트에서 다양한 출판 솔루션을 만나 보세요!
홈페이지 book.co.kr   • **블로그** blog.naver.com/essaybook   • **출판문의** book@book.co.kr

작가 연락처 문의 ▸ ask.book.co.kr
작가 연락처는 개인정보이므로 북랩에서 알려드릴 수 없습니다.

아이디어로 세상을 지배한 인물들에게 배우는 혁신과 경영

역사 속 리더들의 유쾌한 아이디어

오세열 **지음**

북랩 book Lab

유쾌한 아이디어의 설계자가 되자

우리는 끝이 보이지 않는 코로나바이러스에 의한 재난, 심화되는 불확실성, 그리고 환경 재난 등으로 미래에 대한 불안과 두려움에 직면하고 있다. '위기는 기회'라는 말이 있듯이 암울한 현실을 유쾌하게 직시하고 미래를 설계해 나갈 필요가 있다. 인류는 이과수폭포의 미끌미끌한 절벽을 가장 안전한 피난처로 삼는 가냘픈 칼새같이 매일매일 조심스럽게 사투를 벌이고 있다. 인류의 진화와 아이디어의 생성과정을 짚어보면서 영감과 직관적 사고 훈련이 천재들의 전유물이 아니고 범인들도 할 수 있다는 생각이 들었다. 천재와 범인의 사고방식은 차이가 있지만 천재들도 훈련을 통해 이를 습득했다. 잠재의식 가운데 유레카 지식을 찾아내고 무의식 가운데 영감을 얻는 천재들의 정신합성법(Psychosynthesis)을 소개했다.

현실에 안주하려는 콜로라도 증후군을 깨뜨리고 개인과 비즈니스에서 높은 성과를 이루는 방법은 그 원리를 깨치면 쉽게 몸에 익힐 수 있다. 셀프리더십이 왜 중요하며 무엇이 사람을 움직이게 하는가 그리고 이를 함양하는 비결은 무엇인가? 조금도 앞으로 나아가지 못하는 흔들의자를 박차고 일어나서 사륜구동 자동차처럼 힘차게 나아가자. 동서고금을 통하여 세계사의 물줄기를 바꾼 탁월한 리더들의 성격과 행동 특성은 무언가 배울 것이 있음에 틀림없다. 무지개와 같은 선명한 덕목들이 보이지 않는가? 과거를 지배하는 자가 미래를 지배한다고 조지 오웰이 말했다. 우리는 개인의 삶 속에서 미네르바의 부엉이처럼 소 잃고 외양간 고치는 과거 폐습을 버리고 찬란한 미래를 구현하기 위해 나아가야 할 것이다.

2021년 6월

오세열

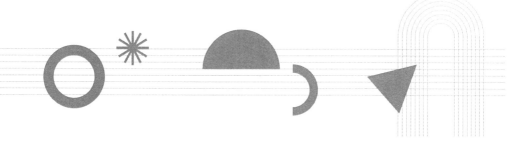

3. 무엇이 사람을 움직이게 하는가? … 111

셀프리더십이 왜 중요하며 이를 함양하는 비결은 무엇인가? 한 발짝도 앞으로 나아가지 못하는 흔들의자를 박차고 일어나서 사륜구동 자동차처럼 힘차게 나아가자.

4. 리더십 인물탐구 … 151

동서고금을 통하여 세계사의 물줄기를 바꾼 탁월한 리더들의 성격과 행동 특성을 분석한다. 무지개와 같은 선명한 덕목들이 보이지 않는가?

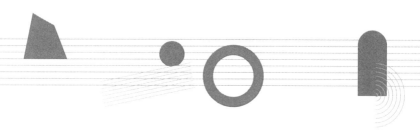

5. 경영과 역사 … 207

과거를 지배하는 자가 미래를 지배한다고 조지 오웰이 말하지 않았던가? 인류가 더 이상 미네르바의 부엉이 신세가 되지 않고 역사적 사실로부터 찬란한 미래를 구현해 나가야 되지 않겠는가?

1. 혁신 전략

혁신적인 아이디어의 탄생

　"해 아래 새것이 없다."라는 성경구절이 있듯이 아이디어의 세계에서는 기존의 아이디어를 통해서 새로운 것이 탄생된다. 무에서 유가 창조되는 경우는 거의 없다. 독창성과 도둑질은 종이 한 장 차이다. 인류역사에서 가장 창의적인 사람으로 여겨지는 셰익스피어와 뉴턴은 남의 아이디어를 훔쳤다거나 표절했다는 의심과 비난을 받았다. 뉴턴은 "더 멀리 바라보기 위해 거인들의 어깨에 올라서야 했습니다." 라고 고백했다. 다른 사람의 아이디어를 기본으로 하여 자신의 아이디어를 만들었음을 시인한 것이다. 셰익스피어도 페르시아의 민담인 '레일라와 메즈눈'의 스토리를 그대로 가져와 '로미오와 줄리엣'을 만들었다. 그러나 셰익스피어의 '로미오와 줄리엣'이 세상에 나왔을 때 그 작품은 원작과는 비교가 되지 않을 정도의 생명력을 가지고 사람들을 놀라게 했다. 오늘날 레일라와 메즈눈을 기억하는 사람이 몇 명이나 될까. 남의 것을 참고로 했지만 자신의 독창적인 아이디어를 첨가했을 때 메마른 가지에 꽃이 피듯 엄청난 작품이 탄생했다.

아이디어는 살아 움직이는 유기체와 같아서 스스로 진화해 나간다. 자동차가 탄생하기까지의 아이디어의 진화과정을 보자. 수천 년 전 한 원시인이 동굴에서 나와 산둥성이를 오르면서 장난삼아 바위 하나를 아래로 밀었다. 떼굴떼굴 굴러 내려가는 것을 목격한 원시인은 깨달음을 얻었다. 다음 날 그는 바위를 다듬어 인류 최초의 바퀴를 만들었다. 옆에 있던 친구들이 새롭게 창조된 돌로 만든 바퀴를 보고 찬사를 아끼지 않았다. 친구 중 하나가 이 발명품을 모방해 돌이 아닌 나무로 바퀴를 만들었다. 나무로 만든 바퀴는 이전 것보다 훨씬 잘 굴러갔다. 또 다른 원시인은 바퀴 뒤에 바구니를 달아 인류 최초의 수레를 만들었다. 이 수레로 사냥한 늑대나 호랑이를 손쉽게 옮겼다. 오랜 세월이 지나자 사람들은 이 수레를 말이 끌게 했다. 이 수레는 물건을 옮기는 데뿐만 아니라 전쟁 때도 사용되었다. 나중에 말 대신 증기기관이 결합되어 자동차가 탄생했다. 이처럼 새로운 아이디어는 항상 이전 아이디어와의 결합으로 이루어졌다. 창의적 아이디어의 탄생은 네 가지 단계를 거친다. 첫째, 해결하고자 문제에 대한 호기심이 일어난다. 둘째 기존의 아이디어를 관찰하고 그 작동원리를 관찰한다. 셋째, 기존 아이디어의 강점을 강화하고 단점을 제거한다. 넷째, 새로운 아이디어와 결합한 후 숙성시키고 시행착오를 거쳐 완성된 결과를 가져온다. 한마디로 요약하면 다른 사람의 아이디어를 빌리고 그 위에 새집을 짓는 것을 의미한다.

인류가 발견한 과학적 진보의 사례 가운데 약 75%는 그 과학자가 자신의 연구를 하지 않는 동안에 이루어졌다. 비전과 착상은 아무

때나 찾아온다. 그러므로 현명한 아이디어맨들은 항상 번개같이 내려치는 비전을 받아들일 준비가 되어 있어야 한다. 침대에 메모지를 비치하고 종종 생각이 떠오르면 어둠 속에서 메모지에 휘갈겨 써 놓는다. 수학자 팡세는 산책길에서 떠오른 아이디어를 손톱에 기록한 일화가 있다. 스위스 전기 기술자 조르주 드 메스트랄(George de Mestral)은 1941년에 산토끼를 발견한 사냥개를 뒤쫓아 달리다가 산우엉이 우거진 숲으로 뛰어들게 되었다. 돌아와 보니 자신의 옷에 산우엉가시가 잔뜩 묻어 있는 것을 발견하였다. 털어내려 해도 잘 떨어지지 않는 데 호기심이 생긴 그는 현미경으로 관찰하여 산우엉가시의 미세한 갈고리가 올가미 모양의 섬유에 들러붙어 있는 것을 발견하였다. 이에 착안하여 그는 8년간의 연구 끝에 한쪽 면에는 수천 개의 갈고리가, 다른 한쪽 면에는 올가미 형태가 달려 있어 맞붙이면 쉽게 떨어지지 않는 여밈장치를 개발하였다. 자연에서 일어날 수 있는 사소한 일을 지나치지 않고 상상력과 직관의 힘을 활용하여 획기적인 혁신제품을 창안해 냈다.

[산우엉가시와 벨그로 원리]

출처: Wikimedia Commons, the free media repository

벨크로란 한쪽에 갈고리(hook), 다른 한쪽에 걸림고리(loop)가 있어 서로 붙였다 떼었다 할 수 있는 제품을 말한다. 일명 찍찍이로 불린다. 접착하면 단단하게 고정되고, 쉽게 떼어낼 수도 있어 단추나 지퍼의 대체품으로 널리 쓰이게 되었다. 오늘날에는 의류나 가방, 시곗줄, 신발, 지갑 등의 일상용품에서부터 의료용, 군복, 우주선, 항공기 등에까지 광범위하게 사용되고 있다.

9개의 점이 다음과 같이 주어져 있다. 4개의 직선과 3개 직선을 각각 사용하여 모든 점을 잇는 문제를 풀어보자. 단 직선은 점을 넘어서서 길게 그려도 무방하다. 연필을 떼거나 한번 지나왔던 길을 돌아가면 안 된다. 고정관념에 집착하면 해결점이 보이지 않는다. 발상의 전환이 필요하다.

[발상의 전환]

문제 : 9개의 점이 있는데
1. 4개의 직선으로 모든 점을 연결해 보라.
2. 이번에는 3개의 직선으로 모든 점을 연결해 보라.
단, 연필을 떼거나 지나왔던 선으로 다시 돌아가서는 안된다.

이 문제를 풀기 위해 대개 9개 점의 둘레 모양, 즉 상자 모양에 구애받는다. 상자 모양에 집착하면 아무리 시도해 보아도 해답이 없다. 상자모양의 고정관념에서 벗어날 때 창의적인 아이디어가 떠오른다. 이것이 발상의 전환이다.

1번 해답
4개선 이용

2번 해답
3개선 이용

인류가 이룩한 모든 발명품은 기존의 관념에서 벗어나 생각의 틀을 허물고 창의성을 표출한 결과다.

성공에 이르는 전략변화

태평양 바다 한가운데서 수만 마리의 청어 떼가 눈 깜짝할 사이에 방향을 전환하는 모습은 기이하고 쇼킹하다. 수만 마리로 이루어진 한 무리의 청어들이 마치 하나의 유기체인 양 순식간에 방향을 바꾸는 모습은 실로 경이롭다. 어떤 군대조직도 이렇게 일사불란하게 움직이지는 못할 것이다. 바다오리의 공격을 받은 청어 떼가 포식자의 공격이라는 위기상황에서 즉시 모래시계 형태나 분리대형등으로 전환하는 모습은 예술에 가깝다. 기업이나 창의적인 사고를 가진 개인에게도 이와 같은 속도와 정확도로 반응한다면 무언가 새로운 것을 얻을 수 있지 않을까.[1]

[청어떼의 움직임]

어떤 일을 성공적으로 이루기 위해서는 어떠한 단계적 변화가 필요한가?

맨 윗줄의 다섯 개 동그라미 중 네 개의 동그라미는 전략변화가 성공하는 데 필수적인 요소를 나타낸다. 먼저 변화하려는 의지를 만들어 내기 위해서는 변화하려는 대내외적인 압력이 필요하다. 새로운 방향으로 출발하기 위한 강하고 분명한 압박을 느껴야 한다. 다음은 어디로 나아가고자 하는 방향과 목표설정이 필요하다. 그리고 이러한 비전을 해낼 수 있는 능력을 확신해야 한다. 마지막으로 시기 선택과 결과에 대한 현실적인 계획을 마련해야 한다. 각 열의 네 가지 요소 중 어느 하나가 부족하면 어떤 일이 일어날 것인지를 단계별로 보여준다. 변화를 위한 압력이 없으면 다른 요소가 구비되어 있더라도 결과는 만족스럽지 못한 소기의 성과를 이루는 정도에서

[성공에 이르는 요소들]

그친다. 공유된 비전이 없으면 각자 다른 방향으로 나아가게 되고 무질서에 이른다. 실행에 옮길 능력이 없다면 탁상공론만 하다가 스트레스만 받게 될 것이다. 마지막으로 현실적인 실행계획이 없으면 요란한 빈껍데기로 허탈감에 빠져들 것이다.

무의식적 능력

의식적 학습단계 모형을 개발한 토마스 고든(Thomas Gordon)은 학습에 네 가지 뚜렷한 단계가 존재한다는 사실을 발견했다. 첫째 단계는 무의식적 무능력 단계다. 자신의 장점과 단점이 무엇인지 모르는 상태에서 열정도 노력도 없이 무기력한 상태를 유지하다가 결과적으로 아무것도 알지 못한다. 공부에 대한 열정도 노력도 하지 않고 자신을 계발하려는 의지도 없는 경우다. 두 번째 단계는 이러한 상태에서 조금 향상된 단계로서 의식적 무능력 상태다. 스스로의 학습능력을 알고 있으며 많은 노력과 시간을 들이지만 결과는 마찬가지로 참담하다. 밤을 세워 노력하지만 공부의 핵심과 내용을 찾지 못하고 헤매는 경우다. 자신의 무능함을 깨닫고 좌절에 빠지게 된다. 셋째 단계는 의식적 능력단계다. 자신의 장점과 단점을 인지하고 많은 노력과 시간을 들여서 학습한 결과 소기의 성과를 달성한다. 대다수 학생들이 여기에 해당한다. 노력과 시간에 비례하여 소기의 성적향상을 이룬다.

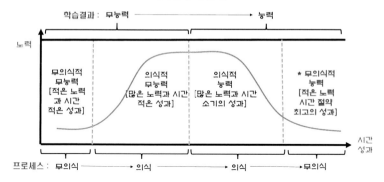

[학습의 네 단계]

마지막 단계는 무의식적 능력 단계다. 자기 분야에서 대가가 되어 많은 사람들로부터 찬사를 받는 소수의 사람들이 여기에 도달한다. 의식적으로 노력을 경주하지 않고 자신의 일에 몰입하여 최고의 성과를 가져온다. 피카소, 에디슨, 발자크 등의 천재들은 무의식적 능력 단계에서 놀라운 성과를 이룬 사람들이다. 천재보다 한 단계 아래의 의식적 능력 단계까지 도달한 사람은 많은 노력과 열정을 가지고 한 가지 일에서 성과를 낸다. 그러나 소수의 사람들이 한 단계 더 높은 경지에 이른다. 글쓰기에서 이 단계의 예를 들어보자. 글을 쓸 때 주제를 정하고 착상을 얻기 위해 많은 책을 찾고 사색하는 경우가 있다. 그러나 좀처럼 아이디어가 떠오르지 않아서 접어두고 산책을 나선다. 전혀 다른 상념에 빠져든다. 그런데 놀랍게도 힘들이지 않고 주제에 관한 유레카 아이디어에 사로잡힌다. 곧 힘들이지 않고 주제에 관한 글을 마무리하게 되고 결과는 많은 사람들에게 감동을 주는 글이 완성되는 경험을 하게 된다.

내면세계

호수 위에 떠 있는 백조를 관찰해본 적이 있는가? 수면 위 우아한 모습에서 평안과 안정을 느낀다. 그러나 백조의 수면 아래 발은 쉴 새 없이 움직여야 한다. 우리의 작업세계도 그렇다. 수면 아래서 부단히 움직이는 백조의 발을 보지 못하듯 직업세계의 그림자를 보지 못한다.[2] 백조는 전혀 노력하지 않는 것처럼 보이지만, 막상 백조의 두 발은 쉴 새 없이 움직이고 있다. 세계화의 파도가 거칠게 몰아치는 현실에서 리더의 모습도 이와 같아야 할 것이다. 수면 밑의 기업환경이 한 치 앞도 분간할 수 없는 불확실한 상황이더라도 현실의 리더는 이를 인지하되 여유를 가지고 극복하려는 자세를 가져야 한다.

생각의 한계는 곧 가능성의 한계다. 생각의 한계는 행동의 한계를 낳고 그것은 다시 성공의 한계를 낳는다. 즉 스스로 꿈꾸고 기대한 것보다 더 많은 것을 성취할 수는 없다. 남들의 반대, 비판, 조롱 따위는 마음에 담아 둘 필요가 전혀 없다. 수많은 발명가, 예술가, 과학자들이 몽상가, 괴짜, 바보로 불리었다. 하지만 내면의 신성한 목소리는 이들에게 그 모든 것을 넘어설 힘과 능력을 불어넣어주었다. 에밀은 '어떤 것이든 마음의 열망은 신이 우리에게 주는 무한한 선물 중에서 무엇이 내 것인지를 미리 알려주는 확실한 약속이다.'[3]

한계시간

심리학자들의 연구에 의하면 보통 사람이 낯선 사람의 시선을 견딜 수 있는 한계시간은 4초라고 한다. 누군가가 자신을 4초 이상 바라보면 불안감을 느낀다는 것이다. 그리고 이 상태로 10초가 지나면 분노의 감정이 일어나면서 상대방을 적으로 간주하게 된다. 그러나 반대로 우리가 다른 사람의 행동을 주시할 때는 오랫동안 보더라도 위기감을 느끼지 않는다. TV에서 방영되는 개그프로그램은 편한 마음으로 몇 시간 볼 수 있다. 그러나 누군가가 자신을 바라보고 있다는 느낌이 들면 그때부터 불안해지기 시작한다.

직감과 번뜩임

직감은 논리적 사고를 따르지 않고 사물의 진상을 순간적이고 감각적으로 감지하는 것이다. 반면 번뜩임은 놀라운 생각이 순간적으로 머리에 떠오르는 것이다. 둘 다 불현듯 무언가가 머릿속에 떠오른다는 의미에서는 같지만 직감은 논리적인 사고에 의존하지 않고 사물을 판단하는 것이며 번뜩임은 당시에는 그 이유를 알 수 없지만 시간이 지나면 논리적으로 설명할 수 있는 것이다. 번뜩임은 논리적인 사고이므로 누구나 훈련으로 발휘할 수 있다. 직감이 번뜩임보다 사물의 본질을 더 정확하게 꿰뚫어 보는 때가 훨씬 많다. 날카로운 안목을 가진 골동품상 주인은 직감으로 진위여부를 알아낸다. 성공한 경영자는 직감과 번뜩임 모두가 탁월하다.

갈릴레이나 뉴턴, 아인슈타인처럼 세계를 이해하고자 했던 위대한 탐구자들은 지적 모험을 통해 내적 자유와 평안을 맛보았다. 아인슈타인은 보통 사람들의 논리와는 차별화된 자기만의 논리 속에서 살았다. 그의 논리는 일상생활의 세세한 부분에는 관심이 없고 자기가 보기에 중요하다고 생각되는 것에만 연연하며 사회가 부여하는 제약 따위에 얽매이지 않았다. 평소 아인슈타인과 우애가 돈독했던 벨기에의 엘리자벳여왕은 아인슈타인을 초대했다. 기차역까지 차를 보냈지만 아인슈타인은 바이올린을 옆구리에 끼고 왕궁까지 털레털레 걸어왔다. 운전사가 자초지종을 여왕에게 말했다. "설마 여왕을 만나러 오는 사람이 삼등석을 타고 올 줄 모르고 일등석에서 나오는 사람만 기다렸습니다."라고 말했다. 아인슈타인의 50회 생일날 아내 엘지는 그가 머물고 있는 시골집을 찾아갔다가 아인슈타인이 지독히 오래 입던 낡은 윗도리를 입고 있는 것을 보고 아연실색했다. "어떻게 깊숙이 숨겨둔 낡은 옷을 찾아냈어요?"라고 묻자 아인슈타인은 이겼다는 듯 의기양양하게 "나는 당신의 비밀장소를 훤히 다 알지."라고 대답했다.

미국에서는 노벨상수상자가 일반 회사에 취직한다. 영어는 회화능력보다 다독능력이 더 중요하다. 상상력이 풍부한 것과 비전을 지니는 것은 서로를 보충해준다. 직관적인 사람은 상상력이 풍부하다. 상상력을 지배하고 조절하는 것은 비전이다. 직관적인 사람이 비전이 없다면 몽상가다. 역경은 성공에 있어 돌부리에 지나지 않는다. 순간을 미루면 인생도 미루게 된다.

영감

괴테는 "인간은 사회 속에서도 배울 수 있다. 그러나 영감은 오로지 고독할 때만 얻을 수 있다."라고 말했다. 미국인들은 건강·돈·사랑·명예 네 가지를 네 잎 클로버에 비유하여 다 가진 자로 여겼다. 그래서 종종 온 풀밭을 뒤져가며 네 잎 클로버를 찾는다.

매년 발표되는 경영구루 상위에 랭크되는 피터 드러커는 3-4년마다 전공분야 하나씩을 혼자 독파하여 15개가 넘는 분야에서 전문가가 되었다. 드러커는 새로운 학문을 공부할 때 새로운 이슈에 대해 스스로 질문하고 탐구하는 자세를 가졌다. 드러커는 "인간은 질문할 때, 혹은 질문을 받고 고민할 때 배움의 깊이가 가장 깊어진다."라는 진리를 깨달았다.

모차르트는 잘츠부르크에 돌아왔을 때 이미 유명인사가 되었다. 그는 쇄도하는 요청에 시달리면서도 많은 작품을 만들었다. "사람들은 내가 쉽게 작품을 완성한다고 생각하는데 절대 그렇지 않아요. 작곡을 공부하면서 나만큼 고생한 사람도 없을 겁니다. 처음부터 끝까지 몇 번이고 반복하는 일이 다반사였어요."라고 고백했다. 천재는 1%의 영감을 완성하게 위해서 99%의 노력을 해야 한다는 에디슨의 말은 옳은 말이다.

자코브는 낮의 과학과 밤의 과학이 어떤 차이가 있는지 설명하고 있다. 낮의 과학은 묵주를 세듯이 하나하나 단계를 밟아가는 논리적 추론을 이용한다. 반면 밤의 과학은 모든 것을 의심하며 어둠 속을 방황하는 것이다. 낮의 과학이 지배하는 영역에 밤의 과학이 끼어드는 순간이 중요하다. 이때 "뜻밖의 우연이 작용한다. 마치 자연발생처럼 아무 데서나 어느 때나 벼락이 내리치듯 출현하는 것이다. 이 때 정신을 인도하는 것은 논리가 아니다. 그것은 본능이요, 직관이다."라고 말했다.

창의적 아이디어

뜻밖의 창의적인 아이디어를 얻는다면 이는 횡재일 것이다. 그것을 원한다면 어딜 가나 항상 수첩을 갖고 다녀라. 어떤 아이디어가 떠오르거나 인상적인 것을 목격했을 때 곧바로 수첩에 적어라. 침대 머리맡에도 수첩을 놓아두고 의식과 무의식의 경계에 있는 순간, 즉 잠들기 직전이나 잠에서 깬 직후에 떠오르는 생각이나 아이디어를 적어 두라. 어떤 생각의 파편이라도 기록해 두라. 아침형인간은 저녁에, 저녁형인간은 오전에 가장 창의적인 생각이 떠오른다. 그 이유는 일을 끝낸 후 긴장을 풀고 휴식과 알파파 모드로 들어가야 마음이 자유롭게 돌아다닐 수 있기 때문이다. 알파파는 심신이 안정을 취하고 있을 때 나오는 뇌파를 말한다. 에디슨은 소파 밑에 은쟁반을 두고 쇠구슬을 들고서 오수를 즐겼다. 반수면 상태에서 스스르 손이 풀려 구슬이 아래로 미끄러지면 쟁그렁하는 소리에 번쩍 잠이 깬다. 그 순간 자신의 창조적 생각이 획기적으로 다가왔다. 이 방법은 에디슨을 본받아 열쇠나 다른 쇠붙이를 사용해서 다른 과학자들도 애용했다.

선형적 사고와 관련된 신경망은 특정활동에 의식적으로 집중할 때 활성화된다. 이에 반해 창의적 사고와 연관된 신경망은 특정한 일에 집중하지 않을 때 떠오르는 생각이나 상상, 기억과 함께 활성화된다. 그래서 이를 디폴트(default) 신경망이라고 한다. 아무 일도 하지 않을 때 기본적으로 활성화된다는 의미를 담고 있다. 우리 몸은 이 두 신경망 중 하나가 희생되고 나머지 하나가 과도하게 활성화되는 상태를 달가워하지 않는다. 상황에 따라 유연하게 두 신경망이 번갈아가며 활성화되는 것이 이상적이다. 이를 뒷받침하는 연구결과가 있다.

캘리포니아대학교의 스쿨러 교수는 사람들이 한가롭게 공상하거나 마음이 이리저리 돌아다니게 한 후에 창의성이 오히려 더 높아진다는 사실을 발견했다. 집중과 반대되는 것을 피해야 한다는 생각은 잘못된 것이다.

세계의 유명한 건축물들의 특징은 돔의 형태로 지어졌다는 사실이다. 미국의 국회의사당, 미국 국회도서관, 런던의 세인트폴 대성당, 피렌체의 두오모 성당 등에서 돔의 자취를 읽을 수 있다. 영국의 시인 테드 휴즈는 런던 타임스에 기고한 글에서 돔이 건축물에서 인기를 끌고 있는 이유는 돔이 잠재적으로 인간의 뇌를 상징하기 때문이라고 밝혔다.[4]

[피렌체의 두오모 성당]

창의성의 발로

허먼 멜빌의 소설 『모비 딕』에서 에이해브 선장은 거대한 흰 고래의 사냥에 끈질기게 매달리고 있다. 그런 뿌리 깊은 관심과 열정을 지녀야만 도중에 만나는 실패도 극복할 수 있고 고되고 단조로운 시간을 이겨낼 수 있다. 또 회의 섞인 시선을 보내는 사람과 비판자들에 개의치 않을 수 있다. 강한 내면의 충동이 있어야만 닥친 문제를 해결하는 데에 전적으로 몰두할 수 있다. 정신도 신체의 근육과 마찬가지다. 즉 의식적으로 움직이고 운동하지 않으면 자연히 굳어진다. 정신의 석화가 일어난 이유는 두 가지다. 첫째 늘 똑같은 관점과 사고방식을 가진다면 일관되고 익숙한 것이 안정감을 주기 때문이다. 일상적인 방식을 고수하면 노력이 크게 절감된다. 인간은 습관의 동물이다. 둘째 어떤 문제를 해결하려 애쓰거나 어떤 아이디어와 씨름할 때 우리 머리는 집중력의 범위를 좁게 제한하는 경향이 있다. 그 과정에 수반되는 스트레스와 노력을 줄이고 싶기 때문이다. 이러한 정신 석화를 막기 위해서는 전략이 필요하다.

첫째, 마음 비우기 능력을 계발하라. 인간은 본래 두려움과 불안에 물든 존재다. 익숙지 않은 대상이나 미지의 대상을 멀리하고 싶어 한다. 창의적인 인간은 자아를 접어두고 확정적인 판단을 유보한 채 눈앞의 대상과 현상을 있는 그대로 경험할 줄 안다. 키츠는 불확실성과 의문을 감내하고 포용하는 능력을 마음 비우기 능력이라고 한다. 모차르트는 자신의 작곡스타일과 다른 바흐의 대위법을 1년 가까이 공부하여 자신이 활용할 수 있는 작곡기법 중 하나로 포함시켰다. 평범한 음악가는 자기 방식이나 원칙에 배치되는 무언가를 발견하면 무시 내지는 방어적인 태도를 취한다. 그러나 모차르트는 바흐 음악을 받아들임으로써 자신의 음악을 새로운 차원으로 발전시켰다. 아인슈타인도 빛의 속도로 이동하는 사람과 가만히 서 있는 사람이 똑같은 빛을 볼 때 발견되는 모순에 집중했다. 10년간 마음 비우기 능력을 발휘하여 상대성이론을 태동시켰다. 지금 수립한 이론이나 사상이 수백 년 지나면 못쓰게 되거나 우스꽝스러워 보인다.

둘째, 우연한 발견의 중요성을 인식하라. 과학분야의 흥미로운 발견들 중 다수는 과학자가 머리를 싸매고 특정문제에 집중할 때 일어나지 않는다. 그보다는 막 잠이 들려는 시점이나 버스에서 무심코 창밖으로 시선을 던지고 있을 때, 어떤 농담을 들었을 때, 불현듯 아이디어가 떠오르는 경우가 많다. 즉 주의력을 느슨하게 풀고 있을 때 아이디어가 다가오는 경우가 많다. 어떤 프로젝트에 몰두해 있을 때는 주의력의 폭이 좁아진다. 심신의 긴장강도가 높아진다. 이런 상태에서 두뇌는 우리가 대응해야 하는 자극의 양을 줄이고 싶어 한다. 보다 개방적이고 창의적인 관점을 갖기가 어려워진다. 반면 긴장을 푼 상태에서는 주의력이 향하는 범위가 넓어지고 더 많은 자극을 기꺼이 받아들인다.

시대는 시스템을 부수고 새롭게 창조하는 히어로를 기다린다. 창조와 모방은 종이 한 장 차이다. 먼저 모방의 대상을 완전히 소화시킨 후 전혀 다른 것으로 표현한다. 자기에게 없는 것을 상대가 가지고 있다는 것은 질투의 원인이 되며 그것을 채우려고 노력하는 농기부여도 된다. 모방하고 받아들여 통달한 후 단숨에 비판적인 관점을 가지고 자신의 독창적인 아이디어를 가미한다.

연역법과 귀납법

인간의 삶을 바꾸어 놓은 수백 개의 중요한 발명과 발견을 통하여 인류의 문명은 획기적으로 개선되었다. 과학학습의 본질은 '연역법과 귀납법' 또는 '이론과 경험'의 두 가지 범주로 구분된다. 연역법은 '사색'에 기초를 두고 귀납법은 '관찰'에 뿌리를 두고 있다.

뉴턴의 법칙, 파스칼의 원리, 만유인력의 법칙 등과 같은 위대한 법칙은 일상적인 관찰을 연역한 이론적 사고활동의 소산이었다.

한편 외행성들, 위성들, 혜성들, 미생물, 세포들, 세포의 특성 등은 갈릴레오, 하위헌스 등의 관측자들이 발전된 관측도구들을 사용하여 수행한 경험적 관찰을 통하여 발견했다. 관찰로부터 도출한 어떤 결론에 대해서는 새로운 증거들로부터 귀납했다고 말할 수 있다. 망원경과 현미경 등 개량된 기기와 관측을 통하여 달의 위상과 혜성을 연구했다. 그 결과 겉으로는 일정한 궤도를 가지 않는 듯이 보이는 수성, 금성, 화성, 목성, 토성 등의 행로를 찾아낼 수 있었다. 그 후 좀 더 성능이 좋은 망원경과 기타 기기 덕분에 천문학자들은 은하, 별의 생성 과정, 우주 그 자체 등에 관한 수많은 발견들을 해낼 수 있었다.

1온스의 체험

　인생은 짧을 뿐만 아니라 누구에게나 한번밖에 주어지지 않는 것이므로 신은 인간에게 기회라는 중요한 선물을 부여했다. 즉 시행착오를 겪게 되는 인생에게 기회라는 전환점을 통해 새로운 전기를 맞을 수 있는 길을 제시했다. 그러므로 인간은 자기 앞에 주어진 기회라는 선물을 잘 활용하여 전화위복의 계기를 맞는 것이 중요하다.

　영국의 신경학자 도널드 칸은 "이성은 결론을 낳지만 감성은 행동을 낳는다."라고 말했다. 위기가 닥쳤을 때 아무리 논리적으로 설명해도 감성을 자극하지 않는 한 사람들은 행동으로 옮기지 않는다. 프랑스 교육가 브리스는 "1온스의 감성이 1톤의 사실보다 훨씬 효과적이다."라고 말했으며, 미국의 실용주의 철학자 존 듀이는 "1온스의 경험이 1톤의 이론보다 중요하다."라고 말했다. 위기감을 조성하는 데 추상적인 이론보다는 구체적인 경험이 효과적이다. 강력한 위기감을 조성하기 위해서는 위기를 극복한 다른 기업의 사례를 보여주는 것이 설득력이 높다. 자신의 경험은 타인의 경험에 비추어 계속 반추되고 재구성되어야 한다.

　마찬가지로 하나님을 믿는 신앙에서도 "1온스의 하나님을 만난 체험이 1톤의 설교보다 훨씬 효과적이다." 방대한 사실적 자료를 들이대며 논리적으로 설명하는 데 많은 시간을 보내는 것보다 한편의 짤막한 스토리로 사람의 마음을 움직이는 것이 낫다. 흠잡을 데 없는 논리적인 설명을 듣더라도 마음이 따라가지 않으면 안 된다. 머리로는 이해되지만 가슴으로 와 닿지 않는다는 의미다. 잘못을 저질렀을 때 머리에 두 손을 얹고 반성하는 사람은 없다. 대부분 가슴에 두 손을 얹고 반성한다. 생각은 머리가 하지만 마음을 사로잡지 못하는 생각은 진정성이 떨어진다.

우직지계(迂直之計)

매가 사냥할 때 사냥감을 향하여 곧장 수직으로 급강하하는 법은 없다. 어느 정도 사냥감에서 거리를 둔 지점에서 수직으로 급강하한 후 낙하 에너지를 축적한 다음 그 에너지를 활용하여 시속 320km의 속도를 유지하며 수평으로 날아가 포획한다. 정면으로 공격하지 않고 우회공격하는 이유는 돌아가는 길이 빨리 가는 길임을 알기 때

[매의 사냥]

문이다. 매는 迂直之計의 지혜를 실천할 줄 아는 영리한 조류다. 검도에 중단 겨룸이라는 자세가 있다. 일단 멈춰 있으면서도 공격을 준비하고 공격을 준비하면서도 멈춰있는 자세다.

수비하는 동시에 공격할 태세를 취하는 동작이다. 주변의 복잡한 상황에 휘둘리지 않고 중심을 잡아 언제 어떤 상황에서도 공격을 감행할 수 있는 폭풍전야의 자세다. 과감성과 결단력, 치밀함과 신중함을 겸비해야 위기 속에서도 기회를 잡아 반전과 역전을 꾀할 수 있다.

창조적 위기감을 조성하라. 준비에 실패하는 것은 실패를 준비하는 것이다. 혁신의 신화를 쓴 스캇 베르쿤은 "사람들은 이노베이션을 사랑하는 것이 아니라 살아남은 이노베이션을 사랑한다."라고 말했다.

위기감이 성공을 가져오고, 성공은 자만심과 무사안일주의를 낳는다. 위기감을 기업문화로 정착시켜라. 변화관리 여정은 미완성 교향곡이다. 오프라 윈프리는 자신은 항상 5% 부족하다고 생각했다. 그녀는 최고의 토크쇼 진행자가 되기 위해서 채워야 할 5%가 성장을 위한 학습의 원동력이라고 말했다. 내가 세상에서 최고라고 생각하는 순간 나락으로 떨어질 수 있다. 도전에 한계를 두지 말고 한계에 도전하라. 성공자는 위기를 성숙한 삶으로 도약하기 위해 절대 필요한 삶의 동반자로 인식한다. 위기 없이 순탄한 삶을 영위한 사람은 잘 자란 목재에 비유된다. 솔방울에 담긴 씨앗이 운 좋게 비옥한 땅에 떨어지면 아무런 불편함 없이 목재로 자란다. 반면 운이 나쁜 씨앗은 바위틈에 떨어져 치열한 생존경쟁을 거치며 분재로 자란다. 목재의 삶은 직선이지만 분재의 삶은 곡선이다. 직선으로 자란 목재는 목수에게 포착되어 좋은 건축재료로 쓰이면서 일생을 마친다. 반면 바위틈에서 온갖 풍상을 겪으면서 힘겹게 자란 분재는 어느 날 분재 수집가에게 발견되어 양지바른 것으로 옮겨져 평생 귀한 대접을 받으며 살아간다. 별 어려움 없이 고속으로 자란 목재는 고속으로 생을 마친다. 하지만 저속으로 자란 분재는 허리가 휘고 성장이 더디지만 사람들의 사랑을 받으며 천수를 누린다.

위기 속에서 기회를 보자.

위기에 대응하는 사람들은 네 가지 유형으로 구분된다.

1. 위기 불감증
2. 위기 대응능력이 없어서 위기를 위협으로 받아들인다.
3. 위기를 위협으로 볼 줄 아는 동시에 위기에 대처하는 능력을 어느 정도 갖추고 있다.
4. 위기 속에서 기회를 보는 사람은 위기를 극복하기 위한 나름의 전략과 대응방안을 가지고 있다. 위기 속에서 기회를 포착해 새로운 도약의 발판으로 삼는다.

인생스토리는 나의 역사를 기록한 흔적이다. 위기가 없는 삶은 꿈과 비전이 없는 삶이다. 드라마틱한 스토리는 드라마틱한 위기극복의 역사가 있어야 가능하다. 삶은 시련과 역경에 담금질하며 강해진다. 빌게이츠는 change의 g를 c로 바꾸면 chance가 된다고 했다. 변화 속에 기회가 숨어있다. 위기를 피할 수 없으면 즐기라. 우둔한 자는 경

험에서 배우고 현명한 자는 역사에서 배운다고 한다. 경험으로부터
배우되 경험의 틀을 벗어나는 지혜가 필요하다.

인간의 소화기관

인간은 소화기관이 짧고 위산이 동물처럼 강하게 분비되지 못해서
부패한 음식이나 독성이 있는 식물을 먹지 못한다. 또한 빨리 배출
해야 한다. 사자나 늑대 등 육식동물의 소화기관은 인간보다 10배나
강력한 위산이 분비되기 때문에 썩은 고기나 뼛조각도 거뜬히 소화
시킬 수 있다. 인간은 맹수에 비해 강력한 이빨이나 발톱을 가지고
있지 않기 때문에 생고기를 먹기도 힘든다. 초식동물은 소화기관이
길어서 먹은 음식을 충분히 소화시켜서 배출할 수 있다. 소, 양, 사
슴 등 반추동물은 네 개의 위를 가지고 한번 삼킨 음식물을 다시 입
으로 토출하여 다시 씹어 삼키는 되새김질을 한다. 이러한 반추행위
를 하루 12시간 동안 5만 번씩 되풀이하기 때문에 먹은 음식을 충분
히 소화를 시킬 수 있다.

따라서 인간은 음식물을 소화하는 데 있어서 육식동물이나 초식
동물에 비해 열등한 위치에 있다. 이것을 극복하기 위해서 인간은
소화기능을 신체 외부에 둠으로써 현명하게 이 문제를 해결했다. 바
로 불을 이용하여 생고기와 식물을 요리해서 먹게 된 것이다. 이것
은 엄지손가락과 나머지 손가락이 마주 보고 있어서 물건을 잡아 줄

[반추동물의 위]

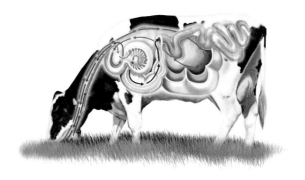

[반추동물의 위]

수 있는 영장류인 인간에게만 가능하다. 인간에게 생고기는 씹기도 어렵고 소화도 잘 안 된다. 식물도 예외는 아니다. 불로 익혀서 요리하는 방법을 터득하여 탄수화물과 단백질을 쉽게 분해하여 소화를 용이하게 했다. 불을 이용한 요리를 통해 초식동물이 하루 절반을 씹는 데 소요하는 시간을 절약하게 되었다. 다른 육식동물이나 초식동물이 신체 내부의 소화기관을 통해 하던 일들을 인간은 신체 외부에서 불을 이용해 대체함으로써 시간도 절약하고 소화도 효율적으로 하게 되었다.

아이디어

아이디어는 사실과 다르다. 사실은 그 자체로는 죽은 것이다. 사실에는 의식도 권력의지도 없다. 동기부여도 행동도 없다. 죽은 사실은 우리 주변에 넘쳐흐른다. 인터넷은 죽은 사실들의 묘지다. 그러나 우리 마음을 사로잡는 아이디어는 살아있는 것이다. 그런 아이디어는 명확히 표현되기를 바라며 이 세상에 나오고 싶어 한다. 프로이트와 융은 인간의 정신을 아이디어의 전쟁터라고 규정했다. 어떤 아이디어든 추구하는 목표가 있고 원하는 것이 있으며 따르는 가치체계가 있다. 아이디어가 목표로 삼는 것은 현재 상태보다 더 좋은 무엇이다. 아이디어는 도움을 주는 것과 방해하는 것 그리고 관계없는 것으로 세계를 단순화한다. 아이디어는 사실이 아니라 인격이다. 마음속에 떠오른 아이디어는 사람을 자신의 아바타(avatar: 화신)로 만들려는 속성이 있다. 즉 그 사람이 아이디어대로 행동하게끔 만들려는 속성이 있다. 그 사람이 아이디어대로 행동하게끔 충동질한다. 이 충동이 너무 강할 때는 자신을 죽이고 아이디어를 앞세우는 경우도 있다. 이것은 잘못된 결정이다. 죽어야 할 것은 아이디어다. 사람이 아이디어의 아바타가 될 필요가 없다. 아이디어는 언제나 다른 아이디어로 대체할 수 있기 때문이다.[5]

사진술, 자동차, 비행기, 컴퓨터 등의 발명품은 설령 최초로 발명한 사람이 아니더라도 나중에 다른 사람이 이루었을 것이다. 그런데 피카소의 아비뇽의 처녀들, 모차르트의 레퀴엠, 뉴턴의 만유인력법칙, 다윈의 진화론, 아이슈타인의 상대성이론 등은 다를 것이다. 이들의 직관적인 아이디어가 없었더라면 과연 그런 혁신적인 발상이 있을 수 있었겠는가? 영재는 모두 천재가 된다는 보장이 없다. 창조에 적합한 성향을 가지고 있느냐가 중요하다.

창의적인 성과: 거장(巨匠)과 범인(凡人)

자신이 구상한 아이디어를 완성하기 위한 태도에서 범인과 거장의 차이가 드러난다. 범인은 시간이 흐를수록 직관적 느낌보다 의식적 집중력에 의존하는 비중이 높아지면서 한때 살아있는 생명체처럼 느껴졌던 아이디어가 어느 순간부터 신선함과 생명력을 잃은 것처럼 느껴지기 시작한다. 이들은 훨씬 더 강도 높은 노력을 쏟으며 해결책이나 돌파구를 찾아내려고 애쓴다. 노력은 강도가 커질수록 긴장과 좌절감도 강해진다. 처음에는 이들의 마음속에 풍부한 연상과 연결고리가 가득했지만 이제는 그런 연상들에 불을 지필 수 없을 만큼 생각의 궤도가 좁아진다. 이런 과정을 겪으면서 특정시점이 되면 그냥 포기해버리거나 그 시점의 결과물에 안주하게 된다. 그러면 보통 수준밖에 안 되는 결과물만 남는다. 그러나 거장은 다르다. 좌절감을 겪더라도 이것이 자신을 어딘가로 데려다줄 의미 깊은 경험이라는 것을 무의식적으로 안다. 그들은 내적 긴장이 최고조에 이른 순간에 잠시 모든 것을 내려놓는다. 하던 작업을 중단하고 잠을 청하거나 일정 기간 휴식을 취하거나 잠시 다른 종류의 일에 손을 댄다. 바로 이 순간에 중요한 해결책이나 최상의 아이디어가 찾아오는 경우가 많다. 일반상대성이론을 10년 넘게 집요하게 파고들었던 아인슈타인은 어느 날 이제 그만 포기해야겠다는 마음을 가졌다. 그 문제는 자신의 능력을 뛰어넘는 것 같았다. 그래서 일찌감치 잠자리에 들었는데 잠에서 깨어났을 때 불현듯 문제의 답이 머리를 강타했다.

바그너는 오페라 '라인의 황금(Das Rheingold)'을 만드는 데 열중하다가 악상이 떠오르지 않아 무력감에 빠졌다. 답답한 나머지 산길을 오랫동안 산책하다가 풀밭에 누워 잠이 들었다.

출처: Wikimedia Commons, the free media repository

꿈인지 생시인지 모를 상태에서 몸이 빠르게 강물 속으로 가라앉는 것을 느꼈다. 세찬 물소리가 아름다운 화음이 되어 귀를 때렸다. 그는 익사할 것만 같은 기분을 느끼며 깜짝 놀라 잠에서 깨어났다. 그 길로 집으로 달려가 꿈에서 들은 화음을 악보에 옮겨 적었다. 물 흐르는 소리를 완벽하게 연상시키는 화음이었다. 이것은 그가 만들고 있던 오페라의 서곡에 들어가는 주요 악상이 되었고 그가 남긴 히트곡이 되었다.[6] 이들 사례는 인간의 두뇌가 창의성의 최고조에 이른 과정을 보여준다. 만일 초반의 흥분된 기대감을 그대로 유지하면서 거기에만 빠져 있다면 개선이 어렵다. 초반의 열정과 흥분이 어느 정도 누그러져야만 자신의 아이디어를 명징한 눈으로 검토하고 수정할 수 있다. 한계점에 도달했을 때 두뇌는 손에서 놓으라는 신호를 무의식적으로 보낸다. 그 순간 의식의 수면 아래 쌓인 아이디어와 구상이 부글거리며 발효하게 된다.

우주의 크기

지구를 직경 2.5cm의 조그마한 공으로 표시한다면 태양은 지구로부터 300m 떨어져 있다. 그곳까지 가려면 걸어서 4~5분 걸리며 태양의 크기는 지름 27cm의 커다란 공으로 나타난다. 달은 지구에서 75cm 거리에 있는 조그마한 완두콩에 불과하다. 지구와 태양 사이에는 태양에서 115cm 되는 곳에 수성이 있다. 그리고 태양에서 230cm 떨어진 곳에 금성이 있다. 이러한 천체들 주위에는 상당한 공간이 있지만 지구 너머 160cm 되는 곳에 화성이 있고 1.6km 떨어진 곳에 지름 90cm의 목성이 있고 3.2km 떨어진 곳에는 작은 토성이 있다. 그리고 6.4km거리에는 천왕성, 10km거리에는 해왕성이 있다. 거기서 수천 km 떨어진 곳에는 작은 조각들이 흩어져 있고 희박한 증기입자들이 떠다니는 것 외에 전혀 아무것도 없다. 가장 가까운 항성을 찾는다면 그것은 6만 km나 떨어진 곳에 있다.

남귤북지(南橘北枳)

남귤북지(南橘北枳: 남녘 남/귤나무 귤/북녘 북/탱자 지)는 기후와 풍토가 다르면 강남에 심은 귤을 강북에 옮겨 심을 때 탱자로 되듯이 사람도 주위 환경에 따라 달라진다는 의미로 해석된다. 중국 강남의 귤이 양자강을 건너면 탱자가 되듯이 같은 사상이라도 받아들이는 사람에 따라 서로 다른 빛깔로 나타난다. 그리고 역사의 큰 흐름 속에서 그런 빛깔의 차이는 때로 커다란 변혁의 물줄기를 이루기도 한다.

한계효용체감의 법칙

서울의 최고급 뷔페 식당 가운데 여의도 63빌딩 지하에 파빌리온이 있다. 한식·중식·일식의 200가지 요리가 나온다. 10만 원대 가격에 움츠러들지만 특별한 기회가 되면 찾게 된다. 요즘같이 모두가 다이어트에 관심을 가질 때에 뷔페에서 먹고 싶은 대로 먹고 나면 다음 날 반드시 후회한다. 뷔페에서 두 번째 접시를 먹고 있다면 그때의 만족감은 첫 번째 접시에 비해 줄어들 것이다. 물론 어떤 사람은 너무 배가 고파서 두 번째 음식에서도 똑같은 만족감을 얻을지 모른다. 이런 예외를 제외하면 두 번째나 세 번째 혹은 네 번째 접시로 갈수록 만족감은 계속 떨어진다. 이를 경제학에서는 한계효용체감의 법칙이라고 말한다. 그러다가 어느 시점에 가면 음식이 물리기 시작하는 시점이 존재하고 "오 정말 배부르다."라고 말하는 순간 한계효용은 제로가 되는데 그 시점이 총효용이 극대가 되는 시점이다. 한계효용이 가장 빨리 소멸하여 제로가 되는 재화로는 신문을 들 수 있다. 대개 사람들은 아침에 일어나서 가장 먼저 신문을 찾는다. 그러나 그 신문을 다 본 순간 출근길에 가판대에서 동일신문을 다시 사려는 사람은 한 사람도 없다. 신문은 한계효용이 가장 빨리 증발해 버린다. 그것을 증명이라도 하듯이 전철 선반에는 한번 읽고 버린 신문들이 널려 있다. 반대로 성경과 삼국지 등은 한계효용이 체증하는 재화다. 성경은 읽은 횟수가 늘어갈수록 신앙의 깊이는 기하급수적으로 더해지고, 삼국지는 3번 읽으면 상도를 터득하고 10번 읽으면 인생을 통달한다는 말이 있다.

죽음은 최종상환이다

쇼펜하우어는 인생을 은행 대출에 비유하여 다음과 같이 말했다. "잠은 죽을 때 회수되는 자본에 대해 우리가 지불해야 하는 이자다. 이자율이 높을수록 그리고 더 규칙적으로 지불할수록 상환 기일을 늦출 수 있다." 인간은 태어날 때 우주로부터 육체를 담보로 하여 의식과 생명을 대출받는다고 보았다. 여기서 우주는 은행에 해당하고 육체는 담보 물건이며, 의식과 생명은 육체를 담보로 하여 인간이 누리는 삶이다. 잠은 규칙적으로 지불해야 하는 이자이며 죽음은 원금의 최종상환이다. 그리고 상환 기일은 임종 날짜를 말한다. 각자의 수명에 따라 살다가 병이 들거나 사고로 죽는 순간 우주는 대출해 주었던 의식과 생명을 회수해 감으로써 육체를 거두어 간다. 높은 이자율과 규칙적인 이자 상환은 잠을 충분히 그리고 규칙적으로 잘 자는 것을 뜻한다. 즉 건강을 잘 유지함으로써 상환 기일을 늦추게 된다.

인생의 두 가지 회심

인생을 살아가다 보면 누구나 두 번의 획기적인 변환시점을 맞이하게 된다. 하나는 종교상의 컨버전, 또는 회심이고, 다른 하나는 지적 쿠테타다. 이 둘은 비슷하긴 하지만 엄연히 다르다. 종교상의 회심 예로는 기독교를 박해하는 데 앞장섰던 바울이 다메섹 도상에서 강력한 빛을 받아 눈이 멀게 되고 하나님의 음성을 들은 뒤 박해자가 전도자가 되는 극적인 컨버전을 들 수 있다. 그 후 바울은 이방인 전도에 매진하여 기독교가 세계 종교로 비약하는 데 결정적인 역할을 했다. 이러한 종교적 컨버전은 모든 연령층에서 언제든 일어날 수 있다.

한편 지적쿠테타는 지금까지 자신의 지식체계를 기본적으로 지탱하던 대원칙을 폐기하고 패러다임의 대전환, 즉 사고방식의 틀을 근본적으로 바꾸는 것을 말한다. 그 예로는 프랑스의 철학자이자 수학자인 데카르트를 들 수 있다. '나는 생각한다. 고로 나는 존재한다'는 명제 위에 자신의 철학을 쌓아 올린 것은 데카르트가 23세 때 일어난 지적쿠테타의 좋은 사례다. 어느 날 하루 종일 상념에 빠져 있다가 세 가지 꿈을 연달아 꾸게 된다. "폭풍에 쓸려 다니던 데카르트는 학교예배당에 내동댕이쳐진다. / 천둥소리에 놀라 눈을 떠보니 주변에 온통 빛 알갱이들이 떠다니고 있었다. / 사전과 라틴어 시집을 집어 들고 '긍정과 부정' 등의 구절이 있는 두 편의 시가 실린 페이지를 찾았다." 등 일관성 없는 꿈이었는데 자기가 온 학문을 통일하게 된다는 계시라고 믿고 크게 감격했다는 것이다. 그는 비몽사몽간에 이런저런 생각을 하다가 '방법서설'의 대체적인 구상을 얻게 되었다고 말했다. 이러한 지적쿠테타에서 얻은 통찰력을 가지고 '방법서설'을 마무리한 것은 20여 년이 지난 41세 때였다.

이러한 두 가지 체험이 모든 사람에게 성립되는 것은 아니다. 그러나 분명한 것은 어떤 사람은 그것을 포착하여 길이 남는 업적을 이루지만 보통 사람들은 이러한 기회가 오더라도 모르고 지나치거나 무시해 버리게 된다.

노년의 축복

앙리부르는 "사람이 자신의 노년과 직면하는 모습은 사람에 따라 모두 다르다."라고 말했다. 행복한 노인이 있는가 하면 불행 가운데 죽어가는 노인도 많다.

사회 전체가 젊은이들에게만 박자를 맞추어 바쁘고 긴박하게만 돌아간다면 그 사회는 병든 사회가 된다. 이런 사회에 익숙해져 있는 사람들은 시간을 들여 신중하게 생각하지 않고 사색하는 시간도 경시한다. 노년층의 제거는 마치 손발이 잘려 나간 것같이 불행해질 수밖에 없다. 아프리카에는 "노인 한 사람의 죽음은 도서관 하나가 불타 없어지는 것과 같다."라는 속담이 있다. 노부부가 벤치에 앉아서 시골의 들판을 바라본다. 둘 사이에는 별로 말이 없다. 철학자 구스도르프는 노부부의 침묵에 대해서 이렇게 말한다. "침묵은 말보다 웅변이라고 하지만 그것은 이제까지 이 노부부가 서로 주고받은 말이 있기 때문이다." 뒤마는 "자신이 나이 드는 것을 지켜보는 여자는

[노년의 행복]

결코 늙지 않는다."라고 말했다. 곱게 나이 든 여자에 대한 찬사다. 키에르케고르는 고뇌는 같이 나눌 수 없다고 말했다. 그러나 부부가 같이 살다가 혼자가 되었을 때 슬픔을 잘 이겨내는 것은 가장 친밀하게 결합된 부부간의 생전 경험이 있었기 때문에 가능하다. 노인이 사회에 대해서 스스로 위축감을 갖게 되는 원인 중 하나는 자신의 모습이 아름답지 못하다고 느끼기 때문이다. 은퇴자는 두 부류로 구분된다. 양극 사이에 중간은 없다.

한 부류는 자신의 은퇴생활을 즐기면서 홍미 있는 방법으로 자신의 일을 발견하고 살아간다. 전혀 권태를 느끼지 않고 살아간다. 이런 노인은 친절하고 붙임성 있고 평화롭고 훌륭한 노인으로 남는다. 고통과 시련을 겪으면서도 더욱 평온한 경지로 성장해 간다. 다른 사람들을 돕는 일에 기쁨을 누린다. 감사하고 책 읽기와 산책을 즐기고 남의 말에 귀를 기울인다. 다른 한편은 마치 고장 난 자동차처럼 인생의 원동력이었던 직업을 잃어버리게 되면 의기소침해져 체념하고 살아간다. 이기적이고 불만이 많고 어떤 선의에도 오해를 잘하고 대화는 언제나 논쟁으로 바뀌며 권위만 내세우는 상대하기 어려운 노인이 된다. 아내는 남편이 직장에 나가 있는 수십 년 세월 동안 잘 정돈된 자신의 생활을 즐겨왔는데 남편이 무질서한 생활태도로 자신의 공간을 침입해 오는 것을 견디지 못하는 경우가 많다. 황혼이혼이 증가하는 것은 이런 이유에서다.

젊었을 때의 불평은 생명력의 표현일 수 있다. 그러나 노년에 쏟아내는 불평은 몸과 정신이 쇠약해진 데 원인이 있다. 비애, 회한, 불안

같은 감정이 무력감과 곁들여 잠시도 떠나지 않는다. 미국 노년학회의 표어는 "인생에 나이를 더하지 말고 나이에 인생을 더하라."다. 헛되이 나이를 먹지 말고 뭔가 보람 있는 일을 발견하고 매진하라는 메시지다.

바울의 사상은 노년들에게 들려주는 귀중한 메시지다. "겉 사람은 후패하나 우리의 속은 날로 새롭도다(고후 4:16)." 노년은 육체가 쇠약해가기 때문에 분명 빼기 인생이다. 하지만 이것은 행동의 영역이지 정신과 마음영역은 아니다. 맥아더 장군은 "사람은 몇 해를 더 살았다고 해서 노인이 되는 것이 아니다. 자신의 이상을 포기했을 때 늙어버린다. 세월은 얼굴에 주름살을 주지만 이상을 버리면 마음속에 주름살이 잡힌다. 소심, 의심, 공포, 절망 등은 죽음에 앞서 먼저 파멸로 이끌고 우리를 먼지로 돌아가게 하는 적이다."라고 말했다. 호흡이 끊어지는 시점이 사망 순간이 아니라 우리 속에 비전과 목표가 사라진 순간이 사망 시점이 된다는 교훈이다. 그래서 "어떤 사람은 30세에 사망하고 장례는 74세에 치른다."라는 말이 생겨났다. 나이가 들어도 활기차게 살 수 있다. 빼기 인생이 있다면 더하기 인생도 있다. 노년에 새로 발견하는 것은 지금까지 알지 못했던 새로운 인생이다. 인간은 죽어야 할 존재가 아니라 죽어가고 있는 존재다. 두 실존주의 철학자가 있다. 하이데거는 죽음을 직면했고 사르트르는 죽음을 피하고 싶어 했다. 그리스도 사상은 하이데거에 가깝다. 인생은 2대 전환점이 있는데 유년기에서 성인기로 가는 때와 성인기에서 노년기로 넘어가는 시점이다. 전자는 자식을 낳는 일과 부의 축적과 사회적 지위를 확보하는 목표를 가진다. 후자에서의 목표는 문화와 교양이다. 첫 번째의 전환이 성숙으로의 전진이라면 두 번째 전환은 새로운 실현을 향해 가는 전진이다. 나이 드는 것을 두려워하는 것은 어린이 시절을 벗어나지 않겠다는 것과 같다.

인생의 두 번째 전환점을 지나면 교양과 문화의 경지에 이르도록 노력하는 것이 바람직하다. 그렇다면 이러한 경지는 무엇을 말하는가? 우리는 젊은 시절 대학에서 교양을 배우지 않았던가? 그것은 사회와 전통과 학교에서 정규적인 지식으로 받아들인 문화다. 노년기의 교양은 보다 인격적이고 사심이 없으며, 보다 독창적이며 발전적인 형태의 문화다. 젊음의 시기에서는 생산성에 바탕을 두고, 노년에 이르러서는 명상적인 것에 다가간다. 그런데 젊을 때 높은 문화수준에 도전하고 넓은 교양의 지평을 열고자 한다면 대가를 지불해야 한다. 무한 경쟁 시대에 직장에서 열정을 가지고 일을 성공적으로 수행하기 위해서는 자신의 능력을 교양에 쏟을 여유와 시간이 없다. 그러나 노년기에는 오랜 세월을 직업 때문에 희생해 왔던 모든 사물에 대한 새로운 깨우침을 발견하게 된다. 서정주의 '국화꽃 앞에서'에 나오는 '내 누님같이 생긴 고난의 꽃'이 바로 노년기의 모습이 아닐까?

> … 그립고 아쉬움에 마음 조이던
> 머 언 먼 젊음의 뒤안길에서
> 이제는 돌아와 진리 앞에서
> 내 누님같이 생긴 고난의 꽃이여

노년기의 깨달음은 보다 완전한 인간의 풍요로움을 위한 새로운 진전이다. 사회에서는 낙오되지 않으려고 본인의 재능을 다 쏟아붓게 된다. 직장에서 승진하여 높은 직위로 올라갈수록 책임이 커지고 여가시간과 자유는 빼앗기게 된다. 인생의 수레바퀴는 쉬지 않고 돌고 돈다. 그러나 세월이 흐른 후 자아의 독자성을 발견하게 될 때 이전 사회의 모든 인위적인 환경에서 벗어나 자유로워질 수 있다. 융은 이것이 바로 '인격의 가치를 재발견하고 개인생활의 의미를 완벽하게 파악하는 것이 된다'고 말했다. 첫 번째 전환점에서의 성패는 사랑과 직업의 성공 여부에 달려있다. 두 번째 전환점에서는 성숙한 인격으로의 도약인데 은퇴를 성공적으로 만드는 시금석이 된다. 융은 "젊은 이가 그의 욕구를 외부세계에서 발견하려 했다면 인간의 오후에 접어든 사람은 자기 자신 안에서 그것을 찾아내야 한다."라고 말했다. 은퇴가 닥쳤을 때 우리는 이 내면의 창고를 더욱 풍요롭게 준비해 두어야 한다. 내면이 풍요로운 사람은 은퇴에서 오는 지루함을 이겨내며 은퇴의 진정한 의미를 알게 된다. 나이 듦 그 자체는 우리가 젊은 시절에는 꿈도 꾸지 못했을 방식으로 성장할 수 있는 특별한 기회를 제공한다. 창조성은 모든 나이에, 모든 조건에서 일어날 수 있지만 나이가 주는 경험의 풍요로움이 창조적 가능성을 엄청나게 확장시킨다. 내가 하고 싶은 말을 할 수 있는 단계에 이르기 위해 그토록 긴 시간이 필요했다. 노년은 지나온 삶의 나날을 총체적이며 통합적으로 완성하게 해나가는 시기다. 이런 관점에서 노화는 자아의 해체와는 정반대다.

레이건은 75세 생일을 맞이했을 때 다음과 같은 위트를 날렸다.

"오늘 저는 75세가 되었습니다만 잊지 마세요. 그건 섭씨로 24세입니다." 화씨 75세는 섭씨로 바꾸면 24세가 된다. [C=(F-32)/1.8 그러므로 24=(75-32)/1.8]

인생의 전반부는 역량을 위해서 엑셀을 밟는 시기라고 한다면 삶의 후반부에서는 브레이크를 지그시 누르며 살아가는 지혜가 필요하다.

천재

천재성과 광기는 비슷하다. 아리스토텔레스는 "예외적이고 특이한 사람들에게는 왜 멜랑콜리아(Melancholia) 성향이 그토록 두드러지게 나타나는가?"라는 의문을 품었다. 멜랑콜리는 천재들의 특징으로 여겨지기 시작했다. 우울한 감정으로 해석되는 멜랑콜리가 없다면 창의적인 상상력을 가질 수 없다. 모파상, 니체, 슈만, 고흐 등 위대한 창조자들은 끝내 정신병을 앓게 되었다. 도스토예프스키는 간질 환자였고 카프카는 거식증 환자였다. 모든 창조는 우울에서 시작되기 때문에 멜랑콜리는 예술가의 필수조건이라는 생각이 지배적이었다. 이후 멜랑콜리는 현대인의 어둡고 우울한 기분을 나타내는 말로 자리 잡으며 우울증이나 무기력증을 뜻하는 단어가 됐다. 물론 심리적으로 정상적이었던 천재들도 얼마든지 있었다. 바흐, 루벤스, 모차르트, 다윈, 피카소 등은 정신병과 무관한 삶을 살았다. 천재들은 관습에 얽매이지 않고 광기에 가까운 특성을 가진다. 창조적 흥분은 멜랑콜리와 매우 유사하다. 우울증이나 편집증과도 크게 다르지 않다. 모든 창조의 원동력은 우울증의 원천과 혼동할 정도로 닮았다. 실제로 우울증으로 고생했던 창조가들은 너무 많다. 베토벤, 보들레르, 카프카, 헤밍웨이, 포크너, 모네 등이다. 그러나 광기가 천재성의 필요조건일 수는 있지만 충분조건은 되지 못한다. 어떤 사람이 미쳤다고 해서 그가 천재인 것은 아니다. 광인에게는 천재들이 가지는 비판정신이 없다. 볼테르는 "위대한 창조자로서의 명성을 얻고 싶은가? 그렇다면 완전히 미쳐버려라. 그러나 어디까지나 당신의 시대에 걸맞는 광기로 미쳐야 한다. 광기 속에도 당신의 상궤를 벗어난 미친 짓을 이끌어줄 이성의 토대는 있어야 한다. 그리고 극단적으로 집요한 인간이 되어라. 그러면 당신은 교수형을 당할지도 모른다. 그러나 교수형을 당하지만 않는다면 숭배를 받게 될 수도 있다." 다빈치는 여성과 성적 관계를 맺지 않았으며 프로이트는 성적 충동을 지적 호기심으로 전환시켰다. 유명한 창조자 중에는 평생 독신으로 지냈거나 자식이 없는 경우가 많다. 천재들은 자식을 얻는 것보다 자신의 작업을 통해 배출하는 문화적 후손들이 더 중요하다는 사실을 알았다. 위인들 중에는 고아가 많다. 고아는 주변 환경으로부터 심리적 자양분을 얻지 못하기 때문에 그만큼 창조적 작업에 더 몰두하게 된다. 창조는 심리적 취약성이나 잠재적 우울증 상태의 결과다. 이러한 심리적 상태가 긍정적으로 나타난 것이 창조행위이고, 부정적으로 나타난 것이 우울증이다. 정신분석학자들은 천재는 본질적으로 우울중에 빠지기 쉬운 성향을 지녔다고 주장한다. 뉴턴은 먹고 자는 것도 잊고 연구에 몰두했다. 정원을 걷다가 어떤 생각에 미치면 갑자기 걸음을 멈추고 방으로 뛰어 올라갔다. 그럴 때면 목욕탕에서 뛰쳐나온 아르키메데스처럼 의자에 앉을 새도 없이 책상 앞에 서서 떠올랐던 생각을 마구 써 내려갔다. 뉴턴의 지적 발견은 직관이나 번득이는 발상에서 대부분 얻었다. 칸트는 자기 방을 통해 멀리 보이는 탑을 뚫어지게 바라보면서 영감을 얻곤 했다. 칸트는 집중력 훈련을 했다. 눈 오는 날에는 하늘을 처다보고 가장 높은 눈송이에 시선을 고정한 채 그 눈송이가 땅에 떨어질 때까지 응시하는 훈련을 했다. 실러는 썩은 사과 냄새를 맡으면 시상이 떠오른다고 해서 책상 서랍 안에 항상 사과를 넣어두었다. 그는 두뇌활동을 촉진하기 위해 발 위에 얼음을 올려놓기도 했다. 프로이트는 백 가지도 넘는 담배를 피움으로 기분전환을 했다. 발자크나 플로베르는 작품을 쓰기 위해 커피나 술에 의존했다. 깊은 사색을 좋아하는 발자크를 기념하기 위해 조각가 로댕은 발자크를 모델로 선정하여 그 유명한 '생각하는 사람'을 조각했다. 독창적인 생각을 얻기 위해 샤토브리앙은 "나는 눈을 감고 내 목소리를 듣는다. 나는 아무런 노력도 기울이지 않는다. 머릿속의 막 위에서 온갖 장면들이 펼쳐지도록 내버려 둘 뿐이다. 나는 내 안에서 그 장면들이 완성되어가는 것을 바라본다. 이것이 무의식이다."라고 말했다. 천재성은 무의식이 제공하는 모든 가능성에 귀 기울이며 자기의 개성을 최대한으로 활용한다. 천재는 우리가 이해하지 못하는 것을 이해하는 사람이다. 수학자 푸앵카레는 "잠재적인 자아가 의식적인 자아보다 우월하다."라고 말했다. 천재는 직관의 가치를 굳게 믿는다. 직관은 창조적 상상력이 발동하도록 명령하는 근원이다. 천재는 직관을 이용하여 하나의 추론에서 다른 추론으로 비약하거나 많은 이들이 넘지 못하는 장애물을 훌쩍 뛰어넘는다.

정신합성법(Psychosynthesis)

무의식을 의인화함으로써 무의식의 불규칙적인 모양을 규칙적인 것으로 조직할 수 있다. 무의식의 용량에는 어떤 한계도 없다. 수 세기 동안 각 분야의 천재들이나 발명가, 예술가들은 의식과 무의식 사이를 연결하는 데 상상력을 즐겨 사용해 왔다.

- 맥아더 장군: 태평양전쟁의 전략을 상의하기 위해 역사의 영웅들을 불러와 많은 대화를 나누었다.
- 모차르트: 자신의 내적 자아와 의사소통하며 세상에서 가장 창의적인 음악을 작곡하였다.
- 밀턴: 내면에 있는 정신적인 길잡이와 대화를 나눈다. 자신의 내적 자아를 "부탁하지 않아도 나에게 전혀 생각지도 않은 영감을 주는 하늘의 후원자"라고 묘사했다. "너는 나에게 딸려 있는 것이 아니라 우주에 속해 있다는 것을 알아야 해."라고 주지시킨다. 역사적인 천재들은 자기 내면의 안내자를 창조하고 그들

과 교통하면서 무의식으로부터 정보를 끄집어내는 법을 배우고, 이를 이용하여 과제를 해결하였다.

정신합성 방법의 권위자 스튜어트 밀은 〈차원높은 자신과의 대화〉에서 정신합성의 방법을 제시했다.

1대 1 정신합성법

첫째, 모든 문제의 해결책과 지혜의 원천은 자신의 내면에 있다고 가정한다.

둘째, 눈을 감고 심호흡을 한 후 당신에게 무한한 사랑을 품고 있는 지혜로운 노인과 마주한다고 상상하라. 만약 이것을 떠올리기 어렵다면 서서히 그리고 조용히 타고 있는 촛불을 상상하고 그 얼굴이 촛불 속에 나타나도록 해보자.

셋째, 최선의 방식으로 이 지혜로운 사람을 대화에 끌어들여라.

넷째, 현자의 도움을 받아 당면한 문제를 잘 이해할 수 있도록 하라.

다섯째, 대화가 끝날 때 그간 일어난 것들을 기록하고 얻어진 통찰력은 어떤 것이든 확대하고 더욱 가치 있는 것으로 만들어라.

1대 다자간 정신합성법

지혜로운 현자는 개인이 아니라 집단이 될 수도 있다. 그 방법은 다음과 같다.

첫째, 손자, 퀴리부인, 다빈치, 간디, 에디슨, 괴테, 셰익스피어, 아인슈타인, 나폴레옹, 링컨, 모차르트, 피카소, 처칠 등 본인이 도움을 받을 수 있다고 생각되는 각 분야의 천재들을 정한다.

둘째, 당면한 문제를 해결하는 데 도움이 되리라고 생각되는 천재들을 다섯 명 정도 선택한다.

셋째, 이들의 전기와 자서전을 될 수 있는 대로 많이 읽는다. 그러면 이들의 사상과 취향, 그리고 위대하게 된 이유가 자신의 잠재의식 속에 자리 잡는다.

넷째, 이들을 쾌적한 회의장소로 초대하여 서로 인사를 나눈 후 커피를 들면서 담소한다. 창을 통해 해변가 바다가 보이고 철썩대는 파도 소리가 정겹게 들려온다. 벽난로에서는 장작 타는 냄새가 스며 나오고 온기가 느껴진다.

다섯째, 본인의 당면문제를 회의 안건으로 상정하고 한 사람씩 의견을 발표하도록 한다.

여섯째, 회의 결과를 메모하여 본인의 생각을 더하여 최종 방안을 결정한다.

잠재의식 속에서 영감을 얻은 자들

의식과 달리 잠재의식은 일하는 동안 잠을 잘 때 휴식을 취할 때도 해결의 실마리를 찾아내고 있다. 해답을 얻기까지 시간이 걸릴 때도 있고, 순식간에 빛을 발하기도 하지만 잠재의식의 작용은 같다. 문제해결을 위한 의식적 노력을 다한 다음 꼭 해결해야 할 욕망을 잠재의식 속에 단단히 다져 넣어둘 필요가 있다. 취미에 몰두함으로써 잠재의식 속에서 영감을 얻은 자들은 다양한 직업과 신분을 가지고 있다. 잠재의식속에서 영감을 얻는 사람은 반드시 그 분야의 전문가가 아니다. 다음 표를 보면 이것이 증명된다. 사진을 발명한 사람은 육군 장교였으며 기관차는 광부의 아이디어에 의해서 최초로 창안되었다. 어느 누구라도 직관을 통해 아무도 생각지 못한 발명품을 만들어낸다.

[발명품과 발명가]

발명품	발명가
사진	육군장교
모터	사무원
전신기	초상화가
타이프라이터	농부
재봉틀	시인
기관차	광부
전화	농아학교 교사
타이어	수의사

미국의 갤럽조사에 의하면 성인들 가운데 15~20%는 몰입을 전혀 경험하지 못하고 있으며, 이와 비슷한 비율의 성인이 매일 몰입을 경험하는 것으로 나타났다. 나머지 60~70%의 응답자들은 2~3개월마다 자신이 하는 일에 흠뻑 빠지는 경험을 한다고 대답했다. 말콤 글래드웰에 의하면 어떤 분야든 최고가 되기 위해서는 하루 3시간씩 10년간 집중 몰입의 숙련 시간이 있어야 한다고 말했다.

어떤 인재가 창의적인가?

주변에서 어릴 때 별로 두각을 보이지 않거나 걱정할 만큼 둔한 아이가 나중에 크게 성공하는 경우가 있다. 바로 빌게이츠가 그렇다. 멍청한 바보라고 이웃이 생각했던 빌게이츠는 세계적인 천재로 성장했다. 빌게이츠의 이웃에 살았던 가오더는 빌게이츠가 어릴 때 재능이라곤 찾아볼 수 없었고 바보 천치가 아닐까 생각되어 빌게이츠의 어머니를 찾아가 주변의 기대에 부응하도록 변화시켜보라고 조언했다고 회상했다. 영국 작가 찰스는 어려서부터 작가의 꿈을 키우며 열심히 글쓰기 연습을 했다. 청년이 되었을 때 산책을 하다가 영감이 떠오를 때 메모하던 노트를 잃어버렸다. 왔던 길을 되돌아가며 노트를 찾고 있을 때 한 노파가 자신의 노트를 들고 있는 것을 보았다. 서둘러 노트를 돌려 달고 하자 노파는 노트를 돌려주면서 "젊은이는 장차 아주 유명한 작가가 될 걸세. 내 말을 믿어봐. 나는 미래를 볼 수 있는 특별한 능력이 있네."라고 말했다. 그 후 찰스는 온갖 직업을 가졌지만 모두 실패했다. 막다른 길에서 좌절하고 있을 때 그 노파의 말이 문득 생각났다. 정신이 퍼뜩 든 찰스는 정식으로 작가가 되기 위해 글을 쓰기 시작했다. 그러자 몇 년 후 수많은 팬을 거느린 유명 작가가 되었다. 성공한 찰스는 오래전 자신을 격려해 준 노파에게 감사를 전하기 위해 수소문 끝에 노파의 아들을 찾았다. 노파는 이미 세상을 떠난 후였다. 찰스의 이야기를 들은 노파의 아들은 충격적인 이야기를 들려주었다. "저의 어머니는 글을 읽을 줄 모르셨어요." 인간의 잠재의식은 신비한 힘을 가지고 있다. 적절한 예언과 격려 한마디는 이와 같이 한 사람의 인생을 완전히 바꾸어 놓았다.

우리의 무지

세상에는 우리가 안다는 것을 알고 있는 것들(Known knows)이 있고, 또 모른다는 것을 알고 있는 것들(Known unknowns)도 있다. 하지만 세상에는 또 우리가 모른다는 것조차 모르는 것들(Unknown unknown)도 있다. 이 세상에는 이 중에서 아직 모른다는 것조차 모르는 것들(Unknown unknown)이 가장 많을 것이다. 그래서 뉴턴은 우리가 알고 있는 지식은 어린아이가 바닷가에서 예쁜 조개 하나를 찾아 기뻐하는 것과 같다고 말했다. 얼마나 많은 조개가 바닷가에 널려있는 것조차 모르면서 말이다.

아이큐보다 두뇌효율이 중요하다

구슬이 서 말이라도 꿰어야 보물이라는 말이 있다. 아무리 아이큐가 높아도 활용도가 낮으면 두뇌로부터 얻는 효율은 적어진다. 에디슨은 천재는 1%의 영감과 99%의 노력으로 달성된다고 했다. 에디슨은 평범한 사람의 아이큐를 가졌지만 노력을 통해 두뇌효율을 극대화했다.

인간의 뇌세포는 140억 개 정도인데 보통 사람은 3% 정도 사용하고 97%는 사장시킨다고 한다.

두뇌효율은 아이큐에다 뇌세포 사용률을 곱해서 구해진다. 아이큐와 뇌세포사용률에 따른 두뇌효율을 보면 다음과 같다.

[두뇌효율 = IQ × 뇌세포사용률]

아이큐(IQ)	뇌세포사용률	두뇌효율
80	10%	8%
100	5%	5%
150	3%	4.5%

지능이 150인 사람이 3%의 뇌세포를 사용하면 두뇌효율은 $150 \times 0.03 = 4.5\%$이다.

지능이 80인 사람이 노력하여 10%의 뇌세포를 사용하면 두뇌효율은 $80 \times 0.1 = 8\%$이다.

아무리 지능이 높아도 충분히 사용하지 않으면 큰 효과를 볼 수 없다. 따라서 평범한 재능을 가진 자가 비범한 인내를 한다면 많은 것을 이룰 수 있다. 그러나 비범한 재능을 가졌지만 평범한 인내로 그친다면 이룰 수 있는 것이 적다.

발명은 필요의 어머니

'발명은 필요의 어머니'라는 격언이 있지만 반드시 그렇지 않다. 그 반대인 경우는 '필요는 발명의 어머니'다. '발명은 필요의 어머니'라는 의미는 사람들이 필요하다고 느끼기 때문에 발명이 이어진다는 뜻이다. 반대로 '필요는 발명의 어머니'라는 뜻은 발명가가 발명을 해 놓으니까 거기에 맞는 수요가 생긴다는 의미다. 그 예를 들어보자. 발명왕 에디슨이 1877년 축음기를 발명하게 된 것은 애당초 좋은 음악을 저장해 놓고 반복해서 들을 수 있는 기계를 염두에 둔 것이 아니었다. 더구나 주변 사람으로부터 베토벤이나 모차르트의 명곡을 감상할 수 있는 획기적인 작품을 만들어달라는 요청을 받은 것도 아니었다. 반대로 에디슨이 축음기를 발명했을 때 이전에 결코 경험하지 못했던 음악감상 등의 필요가 생기게 되었다.

또한 최초의 내연기관이 1867년 발명되었지만 사람들은 그 당시 말과 마차에 만족했기 때문에 그것에 큰 관심을 쏟지 않았다. 그러나 차차 내연기관에 맞는 필요를 찾게 되었고, 바다와 육지에서 자동차와 기선 및 증기기관차 등에 강력한 힘을 전달하는 도구로 사용하게 되었다. PC의 발명도 초기에는 자료처리나 보관과 같은 기능으로만 사용되었지만 이메일이나 컴퓨터 네트워크(www)와 같은 이전에 생각하지 못했던 기능들을 찾아내게 되었다.

그러나 세상에는 '발명은 필요의 어머니'란 말이 더 들어맞을지도 모른다. 예를 들어 시장, 은행, 증권제도 등 자본주의의 중요한 소프트웨어들은 모두 사람들이 불편한 것을 해소하기 위해 생각하다가 시행착오를 겪은 후 탄생하게 되었다. 결론적으로 '발명은 필요의 어머니'라는 말과 반대로 '필요는 발명의 어머니'란 말은 둘 다 맞는 말이다. 그러나 전자가 후자보다 더 많이 존재하기 때문에 '발명은 필요의 어머니'란 말이 격언으로 남았다.

편지봉투 혁신사례

혁신은 거창한 데서 일어나지 않는다. 전통적인 편지 봉투에 대한 혁신사례를 보자.

[편지봉투에 관한 새로운 아이디어 발견 사례]

문제발견	해결책
왜 매번 우표를 붙여야 하나?	우표가 새겨진 봉투가 나왔다.
왜 반송주소를 일일이 쳐야 하나?	봉투 위에 주소가 새겨진 봉투 고안
왜 주소를 편지지에 쓰고도 또 봉투에 써야 하나?	윈도우봉투*가 나왔다.
봉투에 여백이 많은데 왜 편지지에 글을 쓰나?	제 2차대전시 V우편** 개발.
사내봉투 속에 넣은 내용물이 확인될 수는 없을까?	여러 개의 구멍이 뚫려 있는 봉투 고안.

윈도우 봉투

Victory mail

* 봉투에 투명지를 붙여서 편지지에 쓰인 주소가 보이도록 함으로써 주소를 두 번 쓰는 번거로움을 없앤 봉투.
** 군사우편의 무게를 줄이기 위해 편지지와 봉투가 하나로 된 메일(Victory mail).

전통적인 봉투에서 발생하는 불편한 점을 보면 매번 우표를 붙여야 하는 문제, 발신자주소를 매번 봉투에 써야 하는 문제, 발신자주소를 편지지와 봉투에 이중으로 쓰는 문제, 봉투에 여백이 많은데 굳이 편지지에만 글을 쓰는 문제, 한번 봉투를 봉한 후에는 내용물을 볼 수 없는 문제 등이다. 이러한 문제점들은 혁신적인 아이디어를 통해 해결되었다. 옆의 도표에서 그 해결책을 제시하고 있다.

아카시아 나무의 생존 이야기

코끼리는 아카시아 이파리를 매우 좋아해서 아프리카의 아카시아가 남아나지 못했다. 그런데 케냐 북쪽 고원지대에는 무성한 아카시아 숲이 건재하고 있음이 확인되었다. 드레파놀로비움이라는 변종의 아카시아로, 꼬리치레 개미들이 그 나무의 홈이 파인 뾰족한 끝을 서식지로 삼아 나무의 즙을 먹으며 살고 있다. 그런데 코끼리가 와서 이파리를 먹으려고 코를 들이밀면 5mg도 안 되는 작은 개미들이 오글오글 코끼리 콧속으로 기어들기 시작한다. 무게로 따지면 개미의 무려 10억 배가 넘는

[아카시아나무]

코끼리 종족 전체가 그 괴로움을 체득했는지 이 나무 곁에는 결코 다가가지 않는다고 한다. 아프리카의 꼬리치레 개미와 드레파놀로비움 아카시아는 서로 돕는 방식으로 함께 진화하며 지속 가능한 번식을 통하여 생태계 전체의 균형을 지속시켜 간다.[7]

우뇌 자극훈련

논리적인 사고에 지나치게 의존하는 좌뇌 중심환경에서 벗어나 상상력과 창의력을 중시하는 우뇌를 활용하는 습관을 가지는 것이 필요하다. 또한 암기 위주의 교육환경에서 우뇌의 활용을 인위적으로 높일 필요가 있다. 우뇌를 자극하면서 창의적인 아이디어 개발에 도움을 주는 음악은 다음과 같다.

♡ **우뇌를 자극하는 음악을 듣는 것이 창의성 개발에 도움이 된다.**
- 쇼팽 : 강아지 왈츠
- 스트라우스 : 아름다운 도나우강
- 드뷔시 : 바다
- 드보르작 : 유모레스크
- 브라암스 : 자장가
- 바하 : 브란덴부르크 협주곡, G선상의 아리아
- 비발디 : 4계
- 모짜르트 : 아이네 클라이네 나하트 뮤직
- 핸델 : 라르고
- Albinoni : 아다지오
- 모짜르트 : 두대의 피아노를 위한 소나타 D장조

Think different.

위대한 천재는 좌뇌(논리적 사고)와 우뇌(상상력, 창의력)의 긴밀한 교류
뇌파의 종류 : 알파파(이완상태, 정보흡수, 장기기억, 명상, 영감), 베타파(깨어 있거나 긴장상태), 세타파(초기수면상태, 고도의 창의력, 잠재의식작동), 델타파(깊은 수면상태, 최소한의 두뇌활동)
빨리 빨리 문화에 익숙한 사람 : 베타파와 델타파에 익숙
아인슈타인의 뇌파 : 하루종일 알파파만 나옴

별을 바라보자

우리는 종종 과거 몇백 년 전에 살았던 조상들의 모습이나 거주 공간은 어떤 모습이었을까 하는 생각을 갖는다. 도저히 과거로 돌아가서 볼 수 있는 방법은 존재하지 않기 때문에 박물관을 찾는다. 전시된 유적이나 문화공간을 통해 과거 조상들의 삶의 모습을 유추해 볼 따름이다. 그러나 수백 만년 전의 모습을 우리의 육안으로 확인할 수 있는 유일한 대상이 있다. 그것은 밤하늘에 총총히 빛나는 별빛이다. 우주의 빅뱅으로 수백 만년 전에 탄생한 별이 빛을 발하여 지구상에 도달하기까지는 빛의 속도(30만km/초)로 수백 만년을 달려와야 한다. 그러므로 우리가 보는 별빛 중에는 수백 만년 전에 탄생하여 빛의 속도를 달려와 우리 눈에 보여지는 별들이 있을 것이다. 우리는 세상일로 분주하게 살다 보면 하늘을 쳐다볼 기회를 갖지 못한다. 종종 하늘을 우러러 밤하늘의 별빛을 보자. 내 눈에 들어오는 별빛은 아마도 수백만 년을 빛의 속도로 달려와 나와 눈을 맞추며 반갑게 인사하는지도 모른다. 얼마나 경외스럽고 기이한 만남일까 상상해보자. 지구에서 가장 먼 별이 허블망원경으로 관측되었다.

허블망원경은 세계에서 가장 큰 망원경으로 지구의 600km 상공에서 초속 8km로 지구 주위를 운행한다. 지구를 매일 15회 회전하며 관찰한 자료를 지구로 전송한다. 지구에서 가장 먼 별은 지구로부터 무려 131억4,000만 광년(光年)이나 떨어져 있다는 사실이 확인됐다. 1광년은 빛이 1년간 여행하는 거리다. 그렇다면 131억 4,000만

년 전에 출발한 별빛을 우리가 보는 셈이다. 1광년이 약 9조 4,600억 km이므로 그 거리는 계산이 불가능할 정도다.

[허블망원경]

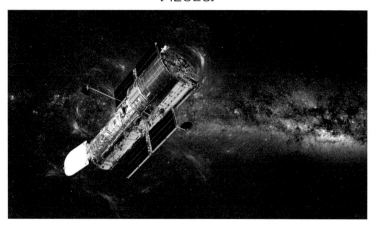

2. 경영환경 변화

세계화와 불확실성

트루먼 미국 전 대통령은 "당신의 이웃이 직장을 잃으면 경기침체이고, 당신이 직장을 잃으면 불황이다."라고 말했다. 우리는 경기침체와 불황이 구분되지 않는 시대를 살고 있다. 사면초가에 봉착한 현대인에게 옛 공자의 교훈은 맞지 않는다. 요즈음은 삼십이립 사십불혹(三十而立 四十不惑)이 아니라 삼십난립 사십미혹(三十難立, 四十迷惑)이 제격인 시대가 되었다.

공자는 나이 30이 되면 뜻을 세우고, 자기 인생에 책임을 질 수 있으며, 40이 되면 어떤 외세의 유혹에도 흔들리지 않는다고 했다. 그러나 현실을 보면 나이 30에 뜻을 세우기 좀처럼 어렵고, 40에 들어서도 온갖 유혹에 이끌린다. 브라질과 아르헨티나의 국경지대에 있는 이과수폭포는 규모의 웅장함에서 인간을 압도하며 자연의 경이로움과 조화를 보여준다. 쉴 새 없이 쏟아지는 물보라와 고막을 찢을 듯 천지를 뒤흔드는 굉음 가운데 거대한 물줄기 이면을 들여다보면 물이끼로 번들거리는 절벽에 붙어사는 자그마한 칼새를 볼 수 있다.

[칼새]

　많은 조류들이 울창한 밀림 속 가장 평안하고 안전한 장소에 보금자리를 가지는 데 비해 칼새는 가장 위험하고 불안한 장소에 둥지를 튼다. 열대우림 속에는 가냘픈 칼새를 노리는 수많은 맹금류와 포식자들이 있기 때문에 칼새로서는 많은 새들이 위험하다고 느끼는 장소가 가장 안전한 안식처인지도 모른다. 칼새는 무리를 지어 폭포 주위를 선회하다가 거대한 물줄기 뒤에 마련해 놓은 보금자리를 향해 과감하게 다이빙하여 들어간다. 폭포의 물줄기는 24시간 그 속에 사는 칼새를 보호해주며 그 어떤 적도 넘보지 못하게 만든다. 칼새는 자연의 이치에 보답하는 양 열대우림의 무성한 숲을 구석구석 누비며 해충과 나쁜 벌레를 없앤다. 자연은 칼새와 이과수폭포의 조화로운 행동 덕분에 울창한 숲을 유지해 나간다. 자연과 인간의 모습은

여기서도 유사한 면을 가진다. 사람의 인격도 평안함과 고요함 속에서 발전하는 것보다 시련과 고통을 통과하고서야 인격이 성숙되고 비전은 분명해지며 바라는 것을 성취할 수 있는 힘을 지니게 된다.

세계화와 불확실성이 전개되는 지구가 다다르게 된 종말을 주제로 한 영화가 큰 센세이션을 불러일으켰다. 혹성탈출 시리즈는 1968년 첫 개봉된 이후 총 6편 중 '혹성탈출(Planet of the Apes)'은 최고의 작품으로 평가되고 있다. 주인공 테일러 역을 맡은 찰톤 헤스턴은 벤허, 십계 등 명작의 주연으로 열연을 펼친 배우였다. 인류의 문명에 환멸을 느낀 테일러 일행은 광속으로 가는 우주선을 타고 지구를 출발하여 우주여행을 마치고 귀환 도중 사고로 이름 모를 행성에 불시착하게 된다. 그 행성을 지배하고 있는 무리는 유인원이었다. 다행스럽게 지구와 비슷한 기후와 환경을 가진 행성에서 겨우 살아났지만, 말을 타고 총을 쏘는 유인원 무리에게 포획되어 사로잡히게 된다.

많은 학대와 고초를 겪는 과정에서 유인원 과학자 부부의 도움을 받아 구사일생으로 도주하여 어느 고대 유적지에 도착하게 된다. 테일러는 그곳 해안가에서 상반신만 남기고 모래 속에 파묻힌 자유의 여신상을 발견하게 된다.

테일러 일행은 우주의 낯선 행성에 도착한 것이 아니라 고향인 지구로 돌아온 것을 깨닫게 되었다. 우주여행을 하는 동안 인류는 핵전쟁으로 멸망하고 유인원이 지배하는 행성이 되어 버린 것이다. 테일러는 모래바닥에 주저앉아 울부짖는다. 세계화와 불확실성의 물결에 휩쓸려 가다가 언젠가 지구멸망에 이르는 가상의 스토리는 우리

를 사로잡는다. 세계화의 예를 들어보자.

어느 캐나다인은 영국 '다이애나 황태자비'의 장례식 상황을 통하여 세계화의 모습을 다음과 같이 실감 있게 묘사했다.

[다이애나 황태자비 장례식]

출처: Wikimedia Commons, the free media repository

다이애나 황태자비는 영국사람인데 그녀가 교통사고로 죽은 장소는 프랑스였고, 동승한 자는 이집트 남자였으며, 운전사는 벨기에 사람이었다. 자동차는 독일제 벤츠였고, 그를 좇던 파파라치들은 이탈리아 사람으로 밝혀졌다. 그런데 파파라치가 타고 온 오토바이는 일본산 혼다였고, 그녀의 장례식장을 뒤덮은 조화는 네덜란드산이었다. 장례식 상황은 한국의 삼성 TV로 시청하거나 빌게이츠의 마이크로소프트의 윈도우에서, 대만산 로지텍 마우스로 클릭하여 본다.

다이애나 황태자비의 장례식은 단순히 영국인들의 행사로 끝난 것이 아니라 전 세계인의 조력으로 치러졌다. 이것이 세계화의 모습이다.

세계화 시대를 살고 있는 우리는 더 나아진 문명의 이기로 인해 편리함과 삶의 풍성함이 이전보다 크게 증가되고 있지만, 전락하였으며, 그 역작용으로 인해 더 행복해지지는 못할 것이다. 세계화의 구체적인 내용과 그로 인한 역작용을 보면 다음과 같다.

더 빨라진 컴퓨터, 기능이 날마다 새롭게 혁신되는 스마트폰, 그리고 페이스북, 트위터, 월드와이드웹(WWW) 등으로 인해 세계의 모든 사람들은 시간과 공간을 초월하여 시시각각 만나고 더 효율적으로 일할 수 있게 되었다. 세계화의 진전은 생활의 모든 면에서 더 나은 삶을 보장하지만, 부작용도 만만치 않다. 사람들은 필요한 메시지 전달보다는 불필요한 이메일과 오락의 수단으로 더 많이 이용할 것이다. 기술혁신의 가속화는 노동자들의 일자리를 위협하고 평생직장은 먼 옛날의 이야기가 된다. 더 다양하고 풍부한 먹거리로 인해 성인병은 증가하고 인터넷뱅킹과 폰뱅킹 등 지불 방식의 편리성과 다양함은 오히려 인터넷 사기, 해킹을 늘게 만들고 신용사회의 정착은 신용카드에 의한 사기 범죄를 증가시키고 있다. 의료기술의 발전은 수명을 연장시키겠지만, 고령화 사회의 도래와 이로 인한 사회적 비용을 증대시킨다.

[세계화와 역작용]

세계화의 내용	역작용
끊임없는 기술혁신	일자리 축소, 실업증가
부의 증가	빈부격차 증가
더 맛있고 영양가 높은 음식	성인병 증가(고혈압, 당뇨, 비만 등)
유전공학의 발전	인간복제, 유전자변형음식 생산, 생태계 파괴
기대수명 증가	고령화 사회, 사회적 비용 증가
교통수단의 발달	각종 전염병의 빠른 전이(신종플루, 사스, 에이즈 바이러스 등)
TV 프로그램의 증가	창의성 저하, 운동부족
카카오톡, 페이스북, 트위터	필요없는 대화의 증가, 개인정보누출
신용사회의 정착	신용카드 사기, 신원도용의 증가
인터넷쇼핑, 모바일뱅킹	충동구매, 개인정보해킹 사기
인터넷과 www의 발달	인터넷 사기, 범죄, 해킹, 바이러스 증가

 하룻밤을 자고 나면 기존의 유용했던 것들이 퇴물로 물러나는 변화의 소용돌이 속에서, 기업은 도산하고 사람들은 위축되지만, 그 가운

데서 변화의 물결을 잘 관리하고 통제하는 조직과 개인은 큰 성과를 가져올 수 있다. 컴퓨터의 등장으로 70년대 초까지 종로 거리에 가장 많았던 타자학원이 자취를 감추었고, CD 출현으로 LP 레코드판은 전통 찻집의 소품이나 동호인의 취미대상으로 전락하였다. 또한 컴퓨터 검색이 등장함으로써 청계천 책방의 단골 메뉴인 백과사전이 자취를 감추었고, 디지털카메라의 출현으로 독일 최대기업인 코닥 필름이 부도를 맞게 되었다. 이와 같이 변화의 물결은 세계 도처에서 급격하게 이루어지고 있다. 불확실성은 자연에서도 존재한다. 북방 시베리아 툰드라 지역에서 발진하여 인도나 뉴질랜드의 따뜻한 지역까지 16,000여 km를 날아가는 도요새는 긴 여정에서 반드시 에베레스트 정상을 넘어야 한다. 히말라야의 꽁꽁 얼어붙은 세계 최고봉을 넘어야 하는 철새들에게 가장 큰 장애는 돌개바람과 눈보라다. 철새들의 편대가 히말라야 상공에 이르렀을 때 운이 나쁘면 갑자기 돌개바람과 눈보라를 맞게 된다. 논스톱으로 장시간을 날아온 철새 편대는 기력이 쇠잔하여 찬 회오리바람을 이겨내지 못하고 화살이 꽂히듯 만년설 속으로 떨어져 생을 마감한다. 따뜻한 목적지를 얼마 남겨놓지 않은 채 날아오던 자세 그대로 흰 눈 속에 묻힌다. 히말라야 등반대는 이러한 광경 앞에 자연의 경외함을 느끼면서 발걸음을 옮긴다.

미국과 전쟁한 나라에 관한 에피소드가 있다. 역사적으로 미국과 싸워 이긴 나라는 가난하게 되었고 미국과 싸워 진 나라는 부하게 되었다. 베트남전쟁에서 베트남은 미국과 싸워 이겼다고 평가받지만, 아직까지 경제성장이 낙후된 국가로 남아 있다. 하지만 일본과 독일은 미국과의 2차 대전에서 패망했지만, 50~60년이 지난 지금 세계 경제 대국이 되었다. 문제는 헝그리 정신에 있다. 가난하고 모든 것이 파괴되었기에 간절히 성장을 원하게 되었다. 개인도 마찬가지다. 꿈에 굶주리고 정상을 갈망하고 도전에 불타는 헝그리 정신이 필요하다. 쥬라기공원에서 제프 골드블럼(Jeff Goldblum)이 배역을 맡았던 과학자는 공룡이 쫓아 오자 "더 빨리 가야 돼."라고 말했다. 오늘날 이것은 리더들의 머릿속에서 떠나지 않는 말이 되었다. "더 빨리 가야 돼." 공룡이 오고 있다. 공룡의 발소리가 들린다. 선두에 서기 위해 열심히 달려야 하는가? 아니면 따라잡기 위해 열심히 달려야 하는가?

최근 몇 년 사이에 속도와 배송, 서비스에 대한 모두의 기대치가 크게 증가했다. 덕분에 경쟁의 형세가 어떠하든 우리는 뒤지고 있는 느낌을 가진다. 녹초가 될 때까지 달려도 선두에서 밀려날 수 있다. 마치 그린랜드 개처럼 무거운 썰매를 죽을 때까지 몰고 간다. 또한 시지프스의 바위처럼 영원히 굴러떨어지고 마는 바위를 반복해서 정상에 올리는 것과 같은 모습으로 살아간다.

라디오가 발명된 후 사용자가 5,000만 명에 이르게 된 기간이 38년이었다. 텔레비전은 13년, 인터넷은 3년이 소요되었다. 그러나 페이스북은 1년, 트위터는 9개월, 모바일 앱을 이용한 비디오 게임인 포켓몬고는 19일에 불과했다.

[사용자가 5,000만 명이 되는 데 걸린 시간]	
라디오	38년
텔레비전	13년
아이팟	4년
인터넷	3년
페이스북	1년
트위터	9개월
포케몬고	19일

아프리카 초원의 모든 동물은 매일 똑같이 죽음에 직면하면서 하루하루를 버티고 있다. 사자라고 예외일 수 없다.

"매일 아침 가젤은 초원에서 눈을 뜨고 하루를 시작한다. 가젤은 가장 빠른 사자보다 더 빨리 달리지 못하면 잡아먹힌다는 것을 알고 마음속으로 처절한 결심을 한다. 또 다른 초원에서 사자도 잠에서 깨어난다. 사자는 가장 느린 가젤보다 빨리 달리지 못하면 굶어 죽는다는 사실을 안다."

[사자와 가젤]

아프리카 초원에서 우리는 강한 사자를 부러워해서는 안 된다. 사자도 가젤과 똑같은 운명에 처해 있다. 당신이 할 일은 단지 아침 해가 돋으면 뛰어야 한다는 사실이다. 이와 같은 환경이 오늘날 우리가 처해 있는 현실이다.

안나 카레니나의 법칙

러시아의 대문호 톨스토이의 소설『안나 카레니나』에서 주인공 안나 카레니나는 아름다운 외모에 밝은 성품을 갖춘 여성이다. 그녀에게는 러시아 정계 최고의 정치가인 남편과 사랑스러운 아들이 있었다. 남부러울 것 없는 그녀였지만, 마음 한구석에 늘 공허함이 있었다. 그런 그녀는 위험한 사랑에 빠져 가족을 버리고 사랑을 택한다. 하지만 전 남편과의 이혼이 이루어지지 않고 애인과 다투는 횟수가 늘어나면서 좌절한 그녀는 기차역 승강장에서 다가오는 기차에 몸을 던져 생을 마감하고 만다. 행복할 수 있는 모든 조건을 갖춘 듯 보였지만, 채워지지 않는 마음 한구석의 공허함이 그녀를 불행으로 이끌었던 것이다. 소설 속 그녀의 상황은 '안나 카레니나 법칙'으로 이야기된다. 이 소설의 첫 구절은 이렇다. "행복한 가정은 서로 닮았지만 불행한 가정은 모두 저마다의 이유로 불행하다." 이것이 안나 카레니나 법칙이다. 결혼생활이 행복해지려면 수많은 요소들이 성공적이어야 한다는 것이다. 잘되는 집안은 다들 비슷하게 근심이 없고 건강하며 화목하지만, 안 되는 집안은 애정이든 금전이든 자녀든 천 차만별의 한 가지 이상의 이유로 불행해진다는 말이다. 행복한 가정 의 조건은 다양하다. 가족 구성원들이 큰 병 없이 건강하고, 애정과 우애가 있으며, 자녀가 속을 썩이지 않으며, 큰 부자는 아니더라도 금전적 고통 없이 가족 구성원 개개인이 자신의 삶을 행복하게 여긴 다면 행복한 가정이라 말할 수 있다. 다시 말해 모든 조건이 탁월하 지 않더라도 어느 정도 충족되면 행복한 가정은 만들어질 수 있다는 말이다. 반면에 가족 구성원 중 한 사람이 도박에 빠져 가산을 탕진 했다거나, 부부 중 한 명이 바람을 피워 신뢰에 균열이 생겼다거나, 또 자식이 나쁜 성적을 비관해 우울증에 빠졌다거나, 가족 중 누군 가 아프다면 그 가정은 불행해질 수 있다.

『총, 균, 쇠』로 유명한 진화생물학자 제레드 다이아몬드는 안나 카 레니나 법칙을 좀 더 발전시킨다. 그는 "가축화할 수 있는 동물은 가 축화에 필요한 모든 조건을 두루 갖추고 있지만 가축화할 수 없는 동물은 그중 한 가지 이상을 충족시키지 못한다."라고 말했다. 성경 에 "청함을 받은 자는 많되 택함을 입은 자는 적으니라(마22:14)."라는 말씀은 여기에도 적용된다. "가축으로 길들여지도록 시도된 야생동 물은 많으나 선택된 가축은 많지 않다."

다이아몬드는 안나 카레니나 법칙을 적용하여 148종에 달하는 지 구상에 존재하는 포유류 중에서 인류가 가축으로 사육할 수 있는 종 은 14종에 불과한 이유를 설명하고 있다. 14종은 양, 염소, 소, 말, 낙 타, 야크, 돼지, 개, 당나귀, 순록 등이다. 야생동물이었던 이들은 어떤 조건 때문에 가축화되었고 또 다른 야생동물은 왜 사람들의 피나는 노력에도 불구하고 가축이 되지 않았을까?

야생 후보종이 가축화되기 위해서는 다음의 여섯 가지 특성을 다 갖추어야 한다. 그 가운데 단 한 가지라고 결여되면 가축화에 실패한다. 첫째, 동물의 식성이 너무 좋아서는 안 되고, 특정 먹이를 너무 선호해서도 안 된다. 동물이 먹을 것을 사람들이 구하기가 어렵기 때문이다. 둘째, 가축은 빨리 성장해야 사육할 가치가 있다. 예를 들어 고릴라는 성장에 오랜 시간이 필요한 동물이어서 가축이 되지 못했다. 셋째, 가축은 야생 상태가 아니라 감금 상태에서도 번식을 잘 할 수 있어야 한다. 따라서 치타와 같은 동물은 가축으로 사육하는 데 적합하지 못하다. 넷째, 사자, 호랑이, 회색곰과 같이 사람을 해칠 정도로 너무 포악해서도 안 된다. 다섯째, 가젤처럼 인간에 대해 너무 겁을 먹어 민감해하는 동물은 사람과 어울려 살 수 없다. 한때 얼룩말을 가축화해서 수레를 끌게 했다. 런던 시내에 얼룩말이 쓰는 수레가 등장했던 적이 있었다. 그러나 얼룩말은 나이가 들면서 걷잡을 수 없는 위험한 성질을 부렸다. 결국 가축화에 실패했다. 여섯째, 소, 양 등과 같이 같은 동물끼리 위계적 질서를 지키고, 서로 무리 지어 다닐 수 있어야 한다. 즉 동물도 사회성이 있어야 가축이 될 수 있는 것이다. 이처럼 여섯 가지 조건을 모두 충족시켜야 가축이 될 수 있고, 그중 하나라도 충족되지 않으면 야생동물로 살아갈 수밖에 없다.

우리 몸도 마찬가지다. 몸이 건강하려면 여러 영양소를 고루 갖춰야 한다. 단백질과 지방질, 탄수화물, 비타민 등 영양소를 많이 섭취하더라도 미량의 특정 영양소 한두 개가 부족하면 그 하나 때문에 인체의 균형이 깨지고, 건강에 문제가 생긴다. 예를 들면 비타민 A가 부족하면 야맹증에 걸리고 비타민 C가 부족하면 괴혈병에 걸리며 비타민 D가 부족하면 골다공증에 걸린다. 이는 1843년 독일의 생물학자인 리비히가 "식물의 생산량은 가장 소량으로 존재하는 무기성분에 의해 지배받는다."라고 주장한 최소량의 법칙과도 통하는 이야기다.

콜로라도 증후군

신대륙으로 이주한 유럽인들은 대서양을 거쳐 북아메리카 동부 해안에 상륙했기 때문에 미국은 동부를 중심으로 발전하기 시작했다. 그래서 현재도 보스턴이나 뉴욕 등 미국의 전통적인 대도시들은 동부에 집중되어 있다. 동부 해안의 극히 일부분을 제외한 나머지 땅은 대부분 아메리카 원주민의 영역이거나, 멕시코의 영토, 프랑스의 식민지 등이었다. 이주민들과 개척자들은 눈앞에 광활하게 펼쳐져 있는 땅을 서서히 이른바 **개척**이라는 명목으로 점차 장악하면서 땅 주인인 아메리카 원주민들과 대립했다. 미국이 영국으로부터 독립을 쟁취한 이후 **거리낄 것 없이 자유롭게** 서쪽으로 개척을 나갔다. 서부 신개척지가 열리자 마차에 몸을 싣고 출발했다. 당시에는 매우 멀고 위험한 여행길이었다. 캘리포니아라는 아름다운 새 땅에 살고자 하는 공통된 비전을 가지고 시카고나 세인트루이스 같은 도시로 모여들었다. 일리노이와 미주리까지는 모두다 잘 해냈다. 그러나 대평원을 가로지르면서 상황은 점점 어려워졌다. 살아남기 위해 그들은 처절하게 싸워야 했다. 콜로라도 동부를 지나자 서쪽 지평선에 들쑥날쑥 솟은 산봉우리들이 눈에 들어왔다. 로키산맥을 만난 것이다.

로키산맥은 북아메리카 서부에 있는 산맥이다. 캐나다의 브리티시컬럼비아주에서 미국의 뉴멕시코주까지 남북으로 4,500km에 걸쳐 뻗어있다. 가장 높은 봉우리는 콜로라도주의 엘버트 산으로, 해발 4,401m이다. 여행에 지친 그들은 로키산맥의 구릉을 돌아보며 생각했다. "여기도 매우 괜찮은 곳이야. 일 년 내내 산에서 눈 녹은 물이 흘러내리며 평야도 널찍하고 사냥감도 많고 이곳에 정착하는 것이 편할 것 같군." 결국 사람들은 거대한 로키산맥에 가로막혀 캘리포니아까지 가는 것을 포기하고 콜로라도에 정착하게 되었다. 이러한 현상을 콜로라도 증후군이라고 말한다.

콜로라도를 넘어가면 할리우드와 디즈니랜드, 말리부비치, 스키리조트, 농사짓기에 더할 나위 없이 좋은 땅 등이 펼쳐져 있는데 막상 지친 몸을 이끌고 로키산맥을 넘을 생각을 하면 엄두가 나지 않는다. 콜로라도 증후군을 극복하기 위해서는 리더가 사람들의 마음속에 미래에 대한 꿈과 설득력 있는 비전을 심어줘야 한다. 지치고 힘든 고통을 찬란한 비전으로 이겨내지 못하면 그 자리에 눌러앉게 된다. 조직과 일터에서도 마찬가지다. 리더는 신선한 동기부여와 꿈을 구성원에게 제시하여야만 초기 목표를 이루게 된다.

[미국지도]

출차: Wikipedia, the free encyclopedia

침묵은 금이다

어리석은 행동보다도 어리석은 말로써 인간은 훨씬 해로운 결과를 초래한다. 1825년 니콜라이 1세가 러시아의 새 황제에 즉위했다. 그 직후 러시아의 근대화를 주장하는 자유주의자들이 반란을 일으켰다. 그들은 러시아가 산업과 사회기반 전반에 걸쳐 유럽국가 같은 모습으로 재건되어야 한다고 주장했다. 니콜라이 1세는 반란을 무자비하게 진압한 후에 그 주동자인 릴레예프에게 사형선고를 내렸다. 사형집행날 교수대에서 목에 올가미가 걸린 후 발밑의 뚜껑이 열리자 릴레예프는 허공에 매달렸다. 그러나 곧 밧줄이 끊어지면서 몸이 땅바닥으로 떨어지고 말았다. 당시에는 이런 일이 생기면 신의 뜻이라고 여겨 사형을 면해주었다. 땅에 떨어진 릴레예프는 군중을 향해 외쳤다. "보시오. 러시아에서는 밧줄 하나도 제대로 못 만들고 있소." 이 사실을 보고받은 니콜라이 1세는 어쩔 수 없이 사형을 면하는 사면장에 서명을 하려고 했다. 그때 황제가 전령에게 릴레예프가 무슨 말을 했는지 물었다. "폐하, 그는 러시아가 밧줄 하나도 제대로 못 만든다고 말했습니다." 황제는 "그렇다면 그의 생각이 틀렸다는 것을 보여주겠다."라고 하면서 사면장을 찢어버렸다. 다음 날 릴레예프는 다시 교수대에 섰다. 이번에는 밧줄이 끊어지지 않았고 사형이 집행되었다. 한번 내뱉은 말은 거둬들일 수 없다. 말을 삼가라. 특히 비꼬는 말을 할 때는 신중하라. 신랄한 말로 순간적인 만족감은 얻을지 몰라도 큰 대가를 치르게 된다.

삼성과 애플

삼성전자와 애플의 영업이익을 비교해보면 2015년 기준 8% 대 27%다. 삼성전자는 1,000원을 팔아서 80원을 벌지만 애플은 무려 270원을 번다. 애플은 삼성보다 3.4배 수익성이 좋다. 삼성은 반도체, 휴대폰, 텔레비전, 냉장고 등을 주력제품으로 팔지만 애플은 아이폰, 아이패드 등과 같은 단말기만 취급하지 않고 여기에 앱스토어처럼 제품에 서비스를 얹어 돈을 벌고 있다. 물론 삼성도 제조업을 넘어 융합 플랫폼이자 온라인 기반의 사업혁명으로 새로운 정상권에 재진입하고 있지만 최근 총수가 구속되는 상황이 생기면서 세계시장 흐름을 선도하지 못하고 있다.

향후 미래적 가치는 산업간 경쟁이 가속화됨에 따라 이러한 시장 재편성으로 시장지배력 강화나 전통적인 법칙의 파괴를 일으키며 말 그대로 융합이 선도하는 파괴적 혁신이 선보이게 될 것이다. 이제 세계 경제는 특정 산업이나 제품군 중심으로 경쟁하던 방식을 넘어 점점 더 경쟁자를 특정할 수 없는 초경쟁시대로 전환되고 있다. 애플, 구글, 페이스북, 트위터는 융합을 경영전략으로 받아들여 적극적으로 스마트 기술경영 혁명을 이루어 나가고 있다. 미래시장은 네트워크나 하드웨어 기반의 경쟁이 아닌 사용자 차원의 편의성, 창의성, 콘텐츠 같은 소프트 파워에서의 경쟁구도가 제일 중요한 것이 되고 있다. 이런 면에서 삼성은 새로운 융합적 사고에 기반한 전략으로 선회해 나가야 할 것이다.

사색

사색(Solitude)은 고독(Loneliness)과 구별된다. 사색은 스스로 선택한 홀로 있는 상태에서 자기 자신과의 대화를 하는 것을 말한다. TV와 인터넷은 사람에게서 생각하는 힘, 즉 사색하는 시간을 앗아간다. 로댕의 〈생각하는 사람〉은 사색을 강조하는 조각물이다.

[로댕의 생각하는 사람]

공자는 사람이 지혜를 얻는 방법으로 사색, 모방, 경험의 세 가지가 있다고 했다. 이 중에서 잠재력을 개발하는 방법은 사색이다. 사색(Solitude, or Solitary thinking)은 무엇인가?

사색(Solitude)은 내면을 성찰하고 무언가를 음미하기 위해 스스로 선택한 홀로 있는 상태를 의미하며, 자신과의 대화를 통한 내적 성숙의 시간을 갖는 것을 말한다. 한편 소외(Loneliness)는 정서적, 감정적 상실감에서 오는 몸부림으로써 외로움, 외톨이, 관계의 단절, 또는 사회로부터 소외된 상태를 의미한다.

일찍부터 사색에 길들여져 있고, 사색을 즐기며 살아가는 자는 금광을 얻은 자와 같다. 고아들이 세계 역사에서 두각을 나타낸다는 확실한 통계가 있다.

스위스 정신의학자에 의하면 부모 잃은 고아가 세계에서 큰 역할을 담당하고 있다고 한다. 고통에 대한 경험은 생을 살아가는 데 놀라운 창조력을 발휘하고 뛰어난 역량을 나타낸다. 고아나 사생아 출신으로 알렉산더대왕, 시저, 루이 14세, 히틀러, 레닌, 스탈린, 모세, 마호메트, 사르트르, 공자, 루소, 데카르트, 파스칼, 다빈치, 바하, 루소, 까뮈, 단테, 톨스토이, 볼테르, 도스또에프스키, 오프라 윈프리 등을 들 수 있다.[8]

칭기즈칸은 인류 역사상 가장 넓은 영토를 정복했다. 그의 생애는 순간순간 고독 가운데 처해 있었다.

"나는 9세에 아버지를 잃고 마을에서 쫓겨났다. 가난하다고 말하지 말라. 나는 들쥐를 잡아먹고 연명했고 목숨을 내어놓고 전쟁했다. 작은 나라에 태어났다고 말하지 말라. 그림자 말고는 친구도 없고 병사 10만 명, 백성은 노인과 어린이 합해서 2백만도 되지 않았다. 배운 게 없다고 탓하지 말라. 나는 이름도 쓸 줄 몰랐지만 남의 말에 귀 기울였으며, 현명해지는 법을 배웠다.

포기하겠다고 말하지 말라. 나는 목에 칼을 쓰고 탈출했고 화살을 맞고 죽었다가 살아나기도 했다. 나는 나를 극복하는 순간 칭기즈칸이 되었다."

쇼펜하우어는 "완벽한 일치는 자기 자신과만 이룰 수 있다. 친구와도 연인과도 불가능하다. 왜냐하면 개성과 정서의 차이는 아무리 사소하더라도 불화를 가져올 수밖에 없기 때문이다. 그러므로 세상에서 건강 다음으로 중요한 자산은 사색이다."라고 말했다. 마음의 참된 평화와 완전한 평정은 오로지 사색에 의해서만 찾을 수 있다. 아무리 우정과 사랑과 결혼이 서로를 가깝게 묶어준다고 해도 마지막에는 오직 자기 자신과의 대화만이 남는다. 특히 젊은이들은 사색하는 시간을 가져야 한다.

낚시는 막대와 줄로 하는 오락이다. 낚시를 취미로 하는 사람에 대한 두 가지 상반된 평가가 있다. 한편에서는 낚시애호가를 폄하한다. 낚시를 정의하기를 한쪽 끝에 벌레가 있고 다른 쪽에는 멍청이가 앉아서 하염없이 시간을 보내는 오락이라고 한다. 그러나 다른 한편에서는 이를 받아치면서 한쪽 끝에는 파리가, 한쪽 끝에는 철학자가 있다고 한다. 물고기를 잡는 것은 낚시가 가진 매력의 보잘것없는 부분이므로 한쪽 끝을 파리에 비유했다. 그러나 인생에서 건강 다음으로 중요한 사색을 마음껏 할 수 있다는 점에 초점을 맞춘다면 낚시꾼은 철학자로 변모한다. 번잡한 세상에서 사색의 공간을 자연스럽게 만들 수 있으니 낚시는 고상한 취미가 아닌가? 높은 차원에서 살아가는 사람은 특별한 형태의 사색을 경험한다. 괴테는 자신의 문학적 업적이 정치적으로 공격당했을 때, 또는 비스마르크가 자신의 정치적 업적이 무능한 후계자들에 의해 무너지는 것을 보았을 때 쓰라린 감정을 가졌을 것이다. 그러나 천재가 자신의 업적을 완성할 수 있는 한 이러한 고독이 천재의 삶의 양식을 파괴할 수 없다. 천재는 언젠가 자신의 세계관이 기사회생하여 변모된 모습으로 승리를 거두거나 적어도 그의 세계관이 후대의 정신을 지배하게 되리라는 것을 알고 있다. 갈릴레이와 부루노는 목숨을 담보로 당시 정설로 여겨졌던 천동설을 부인하고 지동설을 주장했다. 그러나 이들의 주장이 옳다고 인정된 것은 사후 350년이 지난 때였다. 가톨릭 교회는 이들을 박해했던 역사적 오류를 전 세계에 공개적으로 사과했다. 니체는 "언젠가 많은 것을 선포해야 하는 사람은 내면에 많은 것을 침묵하고 있다. 언젠가 번개를 내리쳐야 하는 사람은 오랫동안 구름이어야 한다."라고 말했다.

예술가나 사상가, 또는 모든 과학자들은 창조적인 작업을 위해 고독한 내면으로 들어가 스스로 사색하는 시간을 가질 필요가 있다. 이를 위해 번잡한 일과 진부한 대중으로부터 거리를 두게 된다. 예를 들어 베토벤의 9번 교향곡, 괴테의 파우스트, 슈베르트의 미완성 교향곡 등과 같은 작품은 스스로 선택한 사색공간에서 완성된다. 19세기 초 독일정신이 정점에 도달했을 때 괴테와 실러, 칸트와 베토벤이 이러한 사색을 통하여 위대한 업적을 이루었다.

상상력의 힘

아인슈타인은 "상상력은 지식보다 낫다"라고 말했다. 인류문명사는 상상력과 테크놀로지라는 두 개의 수레바퀴로 굴러왔다. 인간은 먼저 상상을 했고 후에 이를 구현하기 위해 기술을 발전시켰다. 이 두 개의 바퀴를 축으로 하여 고대로부터 현대까지의 인류문명이 전개되어 왔다. 최초의 인간은 너무 배가 고파서 맹수가 우글거리는 숲속 공간에서 나무 위에 몸을 숨긴 채 맹수가 사냥감을 다 먹기를 기다렸다가 살금살금 내려와 맹수가 먹고 남긴 고기를 먹었다. 맹수가 잡은 고기를 훔쳐 먹던 나약한 인간이었지만 언젠가 맹수처럼 떳떳이 사냥하고픈 마음이 절실했다. 그래서 활과 창을 상상했고 결국 이를 만들어 스스로 사냥하게 되었다. 다음에는 사냥한 버팔로를 움막까지 힘 안 들이고 옮기는 방법을 상상하기 시작했다. 바퀴가 달린 수레와 사육한 말과 소를 이용한 수레가 탄생했다. 밥 딜런(Bob Dylan)은 모든 사람이 '영원한 젊음'을 유지하기 바란다는 가사가 담긴 노래를 불렀고 프랭크 시나트라(Frank Sinatra)는 "동화가 현실이 될 수 있으며 마음이 젊으면 당신에게도 그런 일이 일어날 수 있다."라고 노래했다. 상상력과 테크놀로지의 관계는 오늘에 이르기까지 모든 발명품에서 나타난다. 새처럼 하늘을 날고 싶은 욕망은 라이트형제의 비행기 제작으로 첫 발걸음을 내디딘 후 오늘날 초음속비행기까지 나오는 상황에 이르렀다.

[인류 최초 비행기]

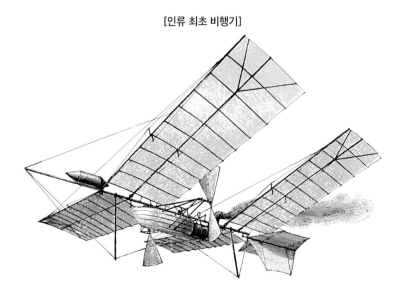

이와 같이 인류문명 초기부터 오늘에 이르기까지 상상력과 테크놀로지는 욕망이라는 같은 뿌리에서 나왔다. 그런데 이러한 진보과정에서 한때 상상력과 테크놀로지의 관계에 금이 가는 시기가 있었다. 근대에 이르러 상상력이 아닌 이성의 범주 안에서 우주의 다양성과 불확실성을 파악해야 한다는 운동이 요원의 들불처럼 퍼져 나갔다. 14~16세기는 신 중심에서 벗어나 인간 중심으로 돌아가자는 르네상스 시대였다. 그리스-로마의 정신적 유산을 이어받자는 르네상스 시대가 종말을 고하고 17~18세기는 지적사상운동이 일어나 휩싸였던 계몽주의 시기였다. 그러나 20세기 후반 디지털 문명 시대를 맞이하면서 상상력과 테크놀로지는 다시 만나게 되었다. 최첨단 기술들이 출현하면서 인간의 상상력을 빠르게 실현시켜 주었다. 특히 컴퓨터를 기반으로 하는 디지털 테크놀로지는 비즈니스의 업무영역을 전 세계로 확대시켜 주었다. 상상력이 곧 테크놀로지라는 새로운 문명 시대를 맞이하게 되었다. 이제까지 상반된 개념으로 이해되었던 두 키워드가 융합되는 시대가 도래했다. 즉 이성과 감성, 기계와 인간, 자연과 문명, 차가움과 따뜻함, 하드웨어와 소프트웨어, 과학과 예술이 만나서 조화를 이루어가는 시대를 우리가 살고 있다. **인간을 다른 동물과 구별하는 것은 인간만이 가진 상상력 때문이다. 아무리 인공지능이 발달한다고 해도 기계가 인간처럼 상상할 수 있는 미래는 오지 않을 것이다.**

엘로스톤의 변화

1995년 14마리의 늑대를 엘로스톤에 풀어놓았다. 늑대들은 곧 사슴을 사냥하기 시작했다. 몇 년 지나자 사슴의 개체 수는 줄어들었고 남은 사슴들도 다른 곳으로 이동했다. 사슴이 사라지자 그 땅에 식물이 돋아나고 버드나무와 사시나무의 키가 6년 새 5배나 증가했다.

[엘로스톤의 늑대들]

숲이 우거지니 다양한 조류가 서식하기 시작했다. 강에는 비버가 돌아와 강둑을 짓고 집을 짓기 시작했다. 수달, 오리 등과 각종 어류가 번성했다. 늑대가 코요테를 사냥하기 시작하자 코요테의 먹이사슬이었던 토끼와 쥐, 여우, 족제비, 오소리가 크게 번성했다. 이들을 사냥하기 위해 독수리 떼가 늘어났다. 강의 움직임이 변화되고 웅덩

이와 급류지대와 협곡이 생성되었다. 14마리의 늑대로 인해 70년이 지나자 옐로스톤의 생태계가 풍요로운 자연환경으로 변화되었다.

성격·문화·인간성

인간의 성격, 문화, 그리고 인간성이 유전되는가 아니면 학습되는가 하는 문제는 오랫동안 학문적으로 연구되어 왔다.

인간의 성격(personality)과 습관(habit)은 다른 사람과 공유되지 않는 그 사람 특유의 정신 프로그램이다. **성격과 습관은 50%가 유전(heredity)되고, 나머지 50%는 환경으로부터 학습(learning)된다는** 연구 결과가 있다. 유전은 조상으로부터 유전형질을 물려받는다. 유전형질에는 홍채나 피부, 머리카락의 색, 혈액형과 같은 특성뿐만 아니라 성격과 습관, 창조성, 강인한 정신력까지도 포함되는 것으로 알려졌다.

문화는 100% 학습되는 것이지 유전되지 않는다. 문화(culture)는 개개인의 사회 환경에서 학습되는 것이지 유전인자에서 나오는 것이 아니다. 인간성(human nature)이란 사람이 기본적으로 가지고 있는 성질로서 사람을 사람답게 만드는 본질이다. **인간성은 모든 인간이 공유하는 보편성 특성으로서 유전인자를 통해 100% 유전된다.**

글쓰기

우리에게 감동을 주는 시나 소설은 인생의 질곡을 겪고 난 작가들의 작품이다. 김소월, 윤동주, 도스토에프스키 등의 생애를 보면 참담하고 견디기 힘든 삶을 살아왔다는 것을 알 수 있다. 일제시대의 암울한 시대적 환경이 이들을 험난한 인생으로 몰아갔다. 도스토에프스키는 굴욕과 수치가 중요한 감정으로 작용하는 세계를 생생하게 묘사했다. 발자크는 왕성한 창작력과 마르지 않는 아이디어를 끊임없이 추구하는 습관을 가졌다. 자신을 외부와 차단시키고 커튼으로 친 방에서 모두가 잠든 시간에 미친 듯이 글을 썼다. 발자크는 끔찍할 정도로 커피를 마셔댔다. 커피는 그의 원동력이었다. 때로는 너무나 많은 아이디어가 쏟아져 나와 일일이 손으로 적기도 힘들었다. 이언 플레밍은 자메이카의 은신처에서 007을 썼고 샐린저는 콘크리트 벙커에서 글을 썼다. 글은 리듬과 캐릭터 묘사, 이야기 전개가 필요하다. 거장의 문체를 모방해서 내 문체 속으로 녹아들게 하는 것이 필요하다. 모방기법을 사용한 작가로는 밀턴, 멜빌, 플로베르, 셰익스피어를 들 수 있다. 위대한 작가들이 무에서 유를 창조한다는 생각은 그릇된 것이다. 거인의 어깨 위에서 더 멀리 볼 수 있다는 말은 진실이다. 모방은 하되 최종작품은 가장 창의적인 작품으로 승화되어 나온다.

창의력과 상상력을 발전시키기 위해서 분석적이고 비판적인 사고는 잠시 잊어야 한다. 어떤 위대한 작가도 셰익스피어 앞에서는 작아 짐을 느낀다고 한다. 괴테는 아무리 애써도 셰익스피어를 따라잡지 못할 것 같다고 토로했다. 울프는 셰익스피어는 문학 자체를 뛰어넘은 사람이라고 했다. 마치 수도관은 닳아 없어져도 거기서 흘러나오는 물은 영원히 사라지지 않는 것과 같다고 했다.

남극원정대

1911년 10월 두 팀의 탐험대가 역사상 최초로 남극점에 도달하고자 원정을 나섰다. 이 중 한 팀은 남극점에 도착한 후 안전하게 귀가하였지만 다른 한 팀은 그 경주를 끝내 마치지 못하고 눈 속에서 생을 마감했다. 이 두 팀의 리더는 각각 로알 아문센과 로버트 스콧이다. 이 둘은 39세와 43세의 나이에 비슷한 경험을 소유하고 있었다. 남극점까지는 2,250km를 왕복해야 하는 거리에 여름에도 영하 20도의 강추위와 험난한 환경을 헤쳐나가야 했다. 만일 중간에 조난을 당하더라도 베이스캠프와 연락할 수 있는 아무런 통신수단이 없었다. 이 둘의 운명을 갈라놓은 것은 무엇일까?

아문센은 항해사 자격증을 따기 위해 노르웨이에서 스페인까지 3,200km를 두 달간 자전거로 여행했다. 또한 돌고래가 에너지 공급원이 되는지를 시험해 보기 위해 돌고래 고기를 날것으로 먹어보기도 했다. 난파되었을 때 돌고래를 잡아서 먹어도 된다는 결론에 이르렀다. 그리고 에스키모인들의 삶을 배우려고 그들과 함께 여행을 가

[아문센의 남극원정대]

기도 했다. 얼음과 추위, 눈보라와 강풍 속에서 수백 년간 살아온 경험과 지혜를 배웠다. 그들로부터 썰매 끄는 법과 개를 다루는 노하우를 전수받았다. 썰매 개를 선택한 아문센은 탐험 도중 약한 개는 죽어서 강한 개들에게 먹이로 주었다. 반면 스콧은 남극원정을 떠나기 전 필요한 준비를 소홀히 했다. 조랑말로 썰매개를 대신했고 아직 성능이 검증되지 않은 모터 썰매를 선택하는 어리석음을 보였다. 결국 모터썰매는 얼마 가지 못해 엔진이 망가지고 조랑말들은 일찍 죽어버렸다. 대원들은 여정 내내 무거운 썰매를 손으로 끌고 눈길을 헤치고 걸어가야 했다. 아문센은 돌아올 때를 대비하여 식량저장소를 설치하고 흰 눈 속에서 잘 보이도록 검은색 깃발을 설치해 두었다. 만일 눈폭풍으로 진로를 벗어나더라도 쉽게 찾을 수 있도록 저장소 양쪽으로 1마일마다 깃발을 설치했다. 그러나 스콧은 주요 저장소에 깃발 하나만 꽂아두었다. 결과적으로 스콧 일행은 진로를 벗

어나게 되었고 큰 재앙에 직면하게 되었다. 아문센은 5명의 대원당 3톤의 식량과 물품을 충분히 비축한 반면 스콧은 17명의 대원당 1톤씩만 준비했다. 주요 고도측정 장비인 위도계를 아문센은 4개 준비한 반면 스콧은 1개만 가져갔다. 위도계가 깨지자 스콧은 불같이 화를 내며 격분했다. 드디어 아문센은 1911년 12월 15일, 남극점에 도착했다. 노르웨이 국기를 꽂고 그곳을 노르웨이 국왕에게 헌정했다. 혹시 귀환길에 조난을 당할 것에 대비하여 남극점 발견의 기록을 편지로 남긴 후 베이스캠프를 향해 발걸음을 옮겼다. 한편 스콧은 아문센이 정상에 도착한 지 한 달 뒤 남극점에 도착한 후 무거운 썰매를 끌고 귀환길에 올랐다. 그러나 스콧 일행은 기진맥진한 가운데 식량저장소를 찾지 못하고 사투를 벌이다가 절망 가운데 눈 속에 갇혀 전원 동사했다. 아문센은 "승리는 준비된 자에게 찾아오고 이를 행운이라고 부른다. 패배는 미리 준비하지 않은 자에게 찾아오며 사람들은 이를 불행이라고 부른다."라고 말했다.

믿음효과

전쟁포로수용소에서 수용자를 대상으로 실험을 진행했다. 경상을 입은 수용자들에게는 부상이 심각하고 곧 죽을 것이라고 말했다. 그리고 중상을 입은 포로들에게는 다친 것이 경미하고 곧 나을 것이라고 알려주었다. 놀랍게도 경상을 입은 포로들이 대거 사망하는 일이 발생했다. 자신이 살 가망이 없다고 믿고 삶의 의지를 포기했기 때문이다. 반면 중상을 입은 환자들 가운데 많은 자가 살아났다.

죽지 않는다는 확신을 가졌기 때문이다. 인간은 기대한 대로 결과가 이루어진다. 성경에도 "**너희 믿음대로** 돼라(마 9:29),"라고 선포한다.

다비드상

1463년 피렌체 대성당은 16피트 높이의 흰색 대리석을 얻었다. 두 명의 조각가가 작품을 만들려고 시도했으나 포기하고 떠났다. 심하게 훼손된 대리석은 창고에 처박혔다. 그 후 많은 조각가들이 와서 그 대리석으로 할 수 있는 일이 없는지 살펴봤다. 그들은 난도질낭한 대리석을 보고 실망을 하고 새 돌을 요구했다. 40년이 지난 후 미켈란젤로는 거미줄이 쳐진 채 방치되어 있던 퀴퀴한 대리석을 보고 사랑에 빠졌다.

[다비드상]

그는 대리석을 창고에서 꺼내 18개월 동안 몰입하여 조각한 결과 젊은 다비드상을 만들어냈다.

미켈란젤로는 다른 사람이 보지 못하는 것을 봤다.[9]

사과나무 밑에서 많은 사람들이 사과가 떨어지는 것을 보았지만 뉴턴만이 '왜'라는 의문을 가졌고 만유인력의 법칙을 발견했다.

커뮤니케이션

커뮤니케이션은 송신자와 수신자 간에 정보와 의미가 전달되고 교류되는 과정이다. 경영자의 일상 업무는 계속적인 커뮤니케이션 과정이라고 볼 수 있으며 업무활동 중 가장 많은 시간을 커뮤니케이션 활동에 쓴다. 효과적인 커뮤니케이션은 리더십의 중요한 기능이다. 리더는 커뮤니케이션을 통해 조직구성원들에게 의미를 제공하며 조직의 전체 목표를 향해 조직구성원들을 이끌고 뭉치게 한다.

그러나 커뮤니케이션은 항상 왜곡되고 오류가 발생할 가능성이 있다. 아무리 훌륭한 아이디어가 있어도 그것이 상대방에 의해 정확히 이해되지 않으면 소용이 없게 된다. 그러므로 리더는 상대방이 자신의 메시지를 정확히 이해했는지를 확인하고 철저한 준비와 세심한 주의가 필요하다.

경영자의 일상업무는 위로는 상사, 아래로는 부하, 옆으로는 동료, 바깥으로는 다양한 이해관계자들과 계속적인 커뮤니케이션을 하는 과정이라고 할 수 있다.

경영자는 비전과 전략을 수립하고 추진하는 과정에서 조직구성원들의 다양한 의견을 수렴하고 대화를 통해 합의를 이끌어 내야 한다.

또한 조직 내 갈등을 해소하고 종업원의 사기진작, 업무평가 등을 위해서도 효과적인 커뮤니케이션이 중요하다. 경영자는 상사와 부하의 중간에 서서 양자의 서로 상이한 언어와 생각을 통역할 수 있어야 한다. 즉 상사의 애매모호하고 추상적인 지시를 부하들이 이해할 수 있게 구체화하고 현장의 구체적이고 기술적인 언어와 개념을 최고경영자가 쉽게 이해할 수 있게 정리할 수 있어야 한다.

[경영자의 커뮤니케이션 활동]

Source : 전략적 리더십, 이승주, SIGMAINSIGHT, 91

경영자는 고객, 주주, 언론, 협력업체, 경쟁사, 지역주민 등 다양한 외부 이해관계자들과의 협력적인 관계를 구축하고 새로운 정보, 아이디어, 사업기회를 발견한다. 경영자의 대외 네트워크는 중요한 전략적 자산이며 조직 내 파워의 원천이 될 수 있다.[10]

통즉불통 불통즉통(通卽不痛 不通卽痛)이란 말이 있다. 여기서 통즉

불통(通即不痛)에서 앞의 通은 소통이 잘되는 통을 의미하고 뒤의 痛을 아픔이나 고통을 의미하는 통이다. 조직이나 가정 또는 사회에서 구성원 간 커뮤니케이션이 잘 되면 원만한 관계가 유지되어 갈등과 어려움, 고통이 없어진다는 의미다. 반면 불통즉통(不通即痛)은 서로 간 커뮤나케이션이 안 되면 갈등과 오해를 불러일으켜 어려움을 겪고 아픔을 경험하게 된다는 의미다.

높은 성과를 이루는 공식

업무를 탁월하게 마무리하는 습관을 가지기 위한 기본공식은 무엇일까? 투자한 시간에 대한 결과물을 향상시켜야 한다. 높은 성과를 위한 기본공식은 다음과 같다.

효율성(Efficiency) × 효과성(Effectiveness) = 결과(Result)

피터 드러커는 효율성을 일을 잘하는 것(Doing things right)이라고 정의했다. 일을 잘한다고 평가하는 기준은 투입과 산출의 관계에서 파악된다. 적은 투입량으로 비용을 절감하면서 많은 생산량을 가져왔다면 일을 효율적으로 한 것이 된다. 오늘날 많은 기업들이 지향하는 목표는 효율성을 극대화하는 데 있다. 한편 효과성은 옳은 일을 하는 것(Doing the right things)이라고 정의했다. 최선의 결과를 가져오기 위해서는 효과적인 일을 찾아내고 이에 대한 효율성을 극대화하는 데 있다. 그러나 효율성은 떨어지더라도 혁신적인 사업을 구상하는 경우 엄청난 결과를 가져올 수 있다. 예를 들어 빌게이츠가 초기아이디어를 창안하는 과정에서 차고에서 두세 명이 모여 일을 시작한 것은 분명 효율성이 떨어진다. 그러나 인류역사에 한 획을 긋는 마이크로컴퓨터 혁명의 선구자가 된 것은 가장 효과적인 일이다. 그 결과 인류역사에 미친 그 영향력을 이루 말로 표현할 수 없을 정도로 크다.

메시지 전달 노하우

아리스토텔레스는 그의 저서 『수사학』에서 상대의 마음을 움직일 수 있는 세 가지 설득의 원칙을 설명했다. 로고스(Locos)와 파토스(Pathos), 그리고 에토스(Ethos)가 그것이다.

로고스는 언어 자체에 들어있는 논리와 근거를 말하고 파토스는 청중에 대한 감정적 호소를 말한다. 에토스는 말을 전하는 리더의 성격과 신뢰성을 말한다. 로고스와 파토스만으로도 강력한 메시지를 전달할 수 있다. 여기에 청중들의 리더에 대한 신뢰감, 즉 에토스가 추가된다면 메시지의 전달효과는 크게 향상된다. 청중은 리더의 메시지가 그의 개인적 특성과 일관성을 가지는지 금세 알아차린다. 에토스는 달걀 껍질만큼이나 깨지기 쉽다. 로고스와 파토스가 아무리 뛰어나다 해도 에토스의 결점을 보완해 주지 못한다. 그 예로써 빌 클린턴 전 미국 대통령의 연설을 들 수 있다. 클린턴에 비견될 만큼 논리적 언변과 대중의 감정에 호소하는 천부적인 재능을 겸비한 대통령은 없을 것이다. 그러나 성추문에 의한 행동의 부조화로 인하여 그가 구사하는 메시지의 설득력은 현저히 약화되었다.

워렌 버핏의 주주총회연설은 메시지전달의 세 가지 원칙을 가장 바람직하게 달성한 리더로 간주된다. 특히 버핏은 흔들리지 않는 에토스를 갖고 있다. '오마하의 현인'으로 불리는 버핏은 재산의 99% 이상을 기부하겠다면서 사실상 재산 전부를 내놓겠다고 밝혔다. 버핏의 재산 규모는 714억 달러(약 85조 원)다. 깨끗하게 번 돈을 거의 전액 사회에 기부하겠다는 사실에 국민들의 신뢰와 애정은 엄청나다. 아리스토텔레스의 메시지 전달 노하우는 수천 년이 지나도 커뮤니케이션의 중요한 모델로 자리 잡고 있다.

[리더의 효과적인 메시지 전달 노하우]

위대한 커뮤니케이터는 태어나는 것이 아니라 만들어 진다.

로고스(Logos): 지성적으로 납득시킬 수 있는 논리적 주장, 설득력있는 아이디어와 자료

파토스(Pathos) : 감정적으로 움직일 수 있는 이야기와 이미지

에토스(Ethos) : 신뢰와 믿음을 줄 수 있는 개인적 가치

최적 조건

ETHOS PATHOS LOGOS

Ethos *Credibility*

Pathos *Empathy*

Win!

Logos *Logic*

출처: 기업혁신의 법칙, 도널드 N. 설, 안진환 역, 웅진닷컴, 2003, 190.

달착륙 문제해결

1962년 케네디 대통령은 10년 내에 유인 우주왕복선을 달에 보내고 무사히 귀환하도록 하겠다고 발표했다. 국민들은 그 목표에 환호했다. 그러나 엄청난 희생과 비용과 열정이 요구되는 도전이었다. 미항공우주국의 기술자들은 목표에 몰입하여 활용할 수 있는 지식을 한곳에 집중했다. 그러나 곧 문제에 봉착했다. 로켓이 지구의 중력을 뚫고 우주로 진입하려면 수천 파운드의 연료가 필요했다. 그리고 달에 착륙한 후 임무를 마치고 지구로 돌아오기 위해서는 다시 달의 중력을 뚫어야 하는 문제가 생긴다. 수천 파운드의 연료를 두 배로 싣는다는 것은 로켓의 무게가 너무 커져서 이륙하는 데 문제가 발생한다. 이 딜레마를 해결하기 위해 브레인스토밍(Brainstorming) 회의를 진행했다. 브레인스토밍 회의는 참석자들이 누구나 자유롭게 생각과 아이디어를 제시하고 그중에서 혁신적인 해결책을 찾아내는 회의 방법이다. 한 기술자가 입을 열었다. "로켓이 꼭 달에 착륙해야 하는 것인가요? 달에 로켓의 일부분만 착륙시키면 어떨까요? 그러면 달의 중력을 뚫는 데 필요한 연료를 크게 줄일 수 있지 않을까요?" 이 획기적인 아이디어가 채택되었다.

로켓 전체를 달에 착륙시키는 대신 승무원 2명이 작은 착륙선을 이용하여 달에 내리게 했다. 성조기를 꽂고 임무를 수행하는 동안 로켓 본체는 나머지 1명의 승무원이 타고 달의 궤도를 돌게 했다. 로켓 본체가 달에 착륙하지 않아도 되므로 무거운 연료 문제가 해결되었다. 임무를 마친 작은 착륙선이 본체 로켓과 합류하여 지구로 무사히 귀환하게 되었다. 이 돌파구가 된 아이디어 덕분에 미국은 소련을 제치고 우주 분야 경쟁에서 승리했다.

[달 착륙선]

세계사의 흐름을 바꾼 후추

돼지고기를 넣고 푹 끓인 국밥 한 그릇에 송송 썰어 넣은 파와 김치 그리고 잊어서는 안 되는 것이 한 가지 더 있다. 국밥에 돼지고기 냄새를 없애주고 특유의 향으로 식욕을 자극하는 후추가 그것이다. 『징비록(懲毖錄)』에 보면 우리나라 사람들이 얼마나 후추를 선호했고 귀중히 여겼는지 알 수 있다.

선조 때 조선에 온 일본 사신은 후추를 이용하여 그들의 침략야욕
을 시험했다. 사신을 맞이한 조선은 주연을 베풀었다.

[통후추]

술잔이 돌고 홍취가 무르익자 갑자기 일본사신은 통후추를 꺼내
어 술좌석에 마구 뿌려댔다. 그러자 자리를 같이한 조선의 벼슬아
치, 거문고를 타던 악공, 춤추고 노래하던 기생 할 것 없이 서로 다
투어 통후추를 줍기 시작하였다. 이를 본 일본 사신은 관리들의 규
율이 이렇듯 문란하니 이 땅을 침략하기란 매우 쉬운 일이라 생각하
고 침략의 야심을 굳혔다고 한다. 그런데 후추가 귀한 향신료인 것은
알지만 과연 세계사의 흐름을 바꿀 만큼 중요한 역할을 했을까? 그
역사를 거슬러 올라가 보자.

유럽대륙은 서늘하고 건조한 기후 덕에 주로 볏과 식물이 자라는

드넓은 초원이 펼쳐져 있다. 볏과 식물의 줄기와 잎은 인간의 식량으로는 적합하지 않고 단지 초식동물의 먹이로만 적합하다. 그래서 유럽인들은 소, 돼지, 양 등의 초식동물을 기르고 다 자란 동물의 고기를 식량으로 삼았다. 이런 배경에서 초식동물을 가축으로 기르게 되는 축산업이 유럽에서 발전하게 되었다. 그런데 추운 겨울에는 가축의 먹이를 구하기 어렵기 때문에 추위가 닥치기 전 최소한의 가축만 남기고 가축을 도살해 고기로 만들었다. 냉장기술이 없기 때문에 고기는 부패하기 쉽다. 어쩔 수 없이 소금에 절이거나 말리는 등 온갖 방법을 동원하지만 금세 노린내가 나고 부패될 수밖에 없었다.

강한 향과 독특한 매운맛을 가진 후추가 고기의 노린내를 없애주고 풍부한 고기 맛을 제공한다는 사실을 알게 되자 유럽인들은 후추에 열광하게 되었다. 당시 유럽에서는 기후 여건 때문에 후추 작물을 재배하기 어려웠다. 그 결과 후추가격은 천정부지로 상승했고 비잔틴 제국으로부터 비싼 가격으로 수입한 후추는 귀족들의 차지가 되었다. 그러던 중 이슬람에게 비잔틴 제국이 무너지자 후추를 구하기가 더욱 어려워졌고, 통후추 한 알의 가격이 같은 무게의 금 가격과 같아지게 되었다. 그러자 유럽인들은 직접 후추의 원산지인 인도에서 향신료를 가져올 방법을 찾기 시작했다. 스페인의 이사벨라 여왕의 지원을 받은 콜럼버스가 인도를 찾아 항해를 시작하게 된 것도 후추를 구하기 위해서였다. 당시에는 지구가 둥글다는 사실을 믿지 못했던 시기였으므로 선박들이 유럽의 해안가에서 서쪽으로 항해하는 것을 두려워했다. 하지만 콜럼버스는 마르코폴로의 동방견

문록을 읽고 마르코폴로가 200년 전 육로로 여행한 길을 해로로 나서게 되었다. 그러나 인도를 목표로 항해를 시작한 콜럼버스가 1492년 10월 12일 막상 도착한 곳은 아메리카 대륙이었고 그는 그곳에서 후추를 찾지 못했다. 콜럼버스는 이곳을 인도의 일부라고 생각하고 원주민을 인디언이라 칭하였다. 이에 질세라 포르투갈도 지중해 바깥의 넓은 바다로 진출하기 시작했다. 마침내 바스쿠 다가마가 아프리카 남단의 희망봉에 도달했고 대서양에서 인도양으로 가는 뱃길을 열게 되었다. 1498년 포르투갈 선단이 인도의 고아에 입항하는 데 성공했고 향신료를 잔뜩 싣고 리스본으로 돌아왔다. 향신료무역은 포르투갈이 독점하게 되었고 "후추를 얻는 자 세계를 얻는다."라고 할 정도로 후추의 인기는 하늘을 찔렀다. 당시 세계 최강국이었던 포르투갈과 스페인은 후추를 정복하기 위해 치열한 패권다툼을 했다. 두 나라 간 분쟁과 반목이 심화되자 가톨릭 교황이 중재에 나섰다. 교황은 대서양의 서경 46도 37분을 경계선으로 하여 동쪽에서 새로 탐험한 땅은 포르투갈령으로, 서쪽은 스페인령으로 삼기로 했다. 그 결과 포르투갈은 아프리카를 손에 넣게 되었고 스페인은 아메리카대륙을 지배하게 되었다. 이후 네덜란드가 동인도 회사를 설립해 후추의 천국 인도와 인도네시아에 진출하였고, 포르투갈과 스페인을 제치고 향료 무역을 독점하게 되었다. 이와 같이 후추라는 향신료를 중심으로 세계사의 흐름이 재편되었음을 알 수 있다.

세계사에 영향을 미친 감자

감자는 세계에서 네 번째로 많이 생산되는 식물이다. 원산지는 남미 안데스산맥이다. 감자는 현재 재배 식물 가운데 가장 재배 적응력이 뛰어난 식물로 알려져 있는데, 해안가에서부터 해발 4,880m 히말라야나 안데스 고산지대에서도 재배하고 있으며, 기후지대별로는 아프리카의 사하라 사막에서부터 연중 대부분 눈이 덮여 있는 그린란드에서도 재배하고 있다.

감자는 1570년대 신항로 개척으로 에스파냐가 유럽으로 들여왔는데, 처음 유럽에 도입되었을 때는 널리 퍼지지 않았다. 감자가 남미에서 유럽으로 전해졌지만 유럽인들은 생전 들도 보도 못한 감자에 대해서 의구심을 가지고 있었다. 유럽인들로서는 땅속에서 열매를 맺는 채소로 무우를 재배해 보았지만 감자 같은 덩이뿌리 식물은 단한 번도 본 적이 없었기 때문이다. 감자의 잎과 싹에는 솔라닌이라는 치명적인 독이 들어있다. 처음 감자를 재배하여 덩이뿌리가 아닌 감자 싹과 초록색으로 변한 부분을 먹은 사람들이 중독되는 사건이 일어났다. 또한 감자는 '성서에 기록되어 있지 않는 작물'로서 악마의 식물이라는 소문이 퍼지기도 했다. 하나님은 씨앗으로 번성하는 식물을 인간에게 주었다고 했는데 감자는 씨앗이 아닌 덩이뿌리로 번성하는 식물이다. 그래서 중세유럽에서는 마녀재판이 성행했을 때 감자가 악마의 식물로 낙인찍혀 화형에 처해지는 웃지 못할 사건이 일어났다. 마녀식이 끝나자 구경꾼들은 감자의 처참한 모습에 악마가 사라졌다고 안도의 한숨을 쉬었을 것이다. 그러나 사실은 불길 속에서 대량의 감자가 노릇노릇하게 구워져 사람들의 침샘을 자극할 만큼 먹음직스러운 냄새를 솔솔 풍겼을 것이다.

그러나 유럽에 흉년이 닥치자 감자를 식량으로 이용하기 위한 도전이 시작되었다. 국민들이 안심하고 감자를 먹도록 애쓴 인물은 영국의 엘리자베스 1세 여왕이었다. 몸소 감자 파티를 열어 대중에게 감자 보급을 홍보했다. 의도는 좋았으나 감자의 특성을 알지 못했던 요리사가 잎과 줄기까지 요리하는 바람에 그것을 먹은 여왕이 솔라닌에 중독되어 죽을 고생을 했다.

독일의 프리드리히 2세와 프랑스의 루이 16세와 마리 앙투아네트 왕비도 감자 홍보에 열을 올렸다. 루이 16세는 단춧구멍에 감자꽃을 장식하여 대대적인 감자 홍보에 나섰다. 루이 16세와 마리 앙투아네트는 사치와 향락에 빠져 국정을 소홀히 했다고 알려져 왔다. 그러나 이들은 국민을 굶주림에서 구하기 위해 감자 보급에 힘쓴 인물이었다. 유럽에서 말은 마차를 끌어야 하고 소는 밭을 갈아야 되며 양은 털을 얻어야 하기 때문에 함부로 도축할 수가 없다. 따라서 인간에게 제공되는 고기는 돼지고기가 유일했다. 결국 인간이 먹어야 할 고기 양이 턱없이 부족했다. 소는 감자를 먹지 않지만 돼지는 감자를 좋아한다. 수확한 감자는 겨울에도 보관이 가능하기 때문에 일년 내내 돼지를 기르는 것이 가능하게 되었다. 감자 보급 이후 유럽인들은 신선한 돼지고기를 사시사철 먹을 수 있게 되었다. 결국 겨울에도 돼지 사육이 가능하게 되어 농가소득이 크게 향상되었다. 감자로 키운 돼지로 만든 베이컨과 햄, 소시지는 유럽인의 식탁을 풍요하게 만들었다. 이와 같이 곡물만 먹었던 유럽인에게 감자는 육식을 마음껏 즐기도록 해 줌으로써 음식문화를 바꾸어준 구세주와 같은 존재가 되었다. 또한 감자에는 비타민 C가 풍부하게 들어 있어서 역병보다 무서운 괴혈병을 치료하는 역할까지 했다.

영국은 아일랜드를 속국으로 간주하여 매년 곡물을 수탈해 갔다. 아일랜드는 이로 인해 곡물 대신 감자를 주식으로 삼을 수밖에 없었다. 황량한 토지에서도 잘 자라는 감자는 귀중한 식물로 대접받으며 17세기부터 널리 퍼져나갔다. 아일랜드 인구는 감자 덕분에 19세기 초 300만 명에서 800만 명으로 늘어났다. 그러나 19세기 말 아일랜드에 감자 역병이 창궐했다. 감자를 단일품종으로만 재배해 왔던 아일랜드에 대기근이 닥쳤고 100만 명이 굶주림으로 사망했다. 감자 품종이 하나밖에 없기 때문에 그 품종이 특정 질병에 취약할 경우 대규모 재앙이 일어날 수밖에 없다. 감자의 원산지인 안데스산맥에서는 감자가 병에 걸려 전멸하지 않도록 여러 품종을 섞어서 재배하고 있다. 품종이 다양하면 어떤 병원균이 덮쳐도 그중 살아남는 강인한 품종이 있게 마련이다. 이러한 지혜를 아일랜드 사람들은 깨닫지 못했다. 비참하게 굶어 죽어 가는 동안 영국은 강 건너 불구경하듯 무심하게 대응했다. 영국의 이런 태도를 목격한 아일랜드 사람들은 영국에 대해 강한 불신감을 품었고 훗날 아일랜드는 영국으로부터 완전 독립하여 아일랜드공화국이 되었다. 대기근으로 400만 명에 달하는 아일랜드 사람들이 신천지 미국으로 이주했다. 대규모 노동력 유입으로 미국은 당시 초강대국 영국을 앞지르며 세계 최고의 공업 국가로 발돋움하게 되었다. 아일랜드 사람들은 100만 명의 죽음을 가져왔던 재앙에 무관심하게 대응했던 영국에 대해 복수를 한 셈이다. 대기근으로 미국으로 이주한 인물로서 성공한 케이스는 케네디 전 대통령의 할아버지 패트릭 케네디가 있다. 또한 레이건, 클린턴, 오바마, 바이든 등 여러 대통령도 아일랜드계다. 또한 디즈니랜드를 만든 월트 디즈니와 맥도날드 창업자 맥도날드 형제 역시 아일랜드계다. 케네디가 없었다면 달 탐사 계획도 추진되지 않았을 것이고 인류 최초의 달 정복도 지연되었을 것이다. 감자라는 보잘것없는 식물 하나가 미국 역사와 나아가 세계역사를 그리고 우주과학의 역사를 송두리째 바꿔놓았다.

플라톤의 동굴의 비유

플라톤은 대화편 국가에서 저 유명한 동굴의 비유를 들려준다. 인간은 지하의 동굴에서 어릴 때부터 살고 있다. 동굴에서 다리와 목이 사슬에 묶여서 고개조차 돌릴 수 없다.

인간은 움직일 수 없기 때문에 벽만 뚫어져라 바라본다. 단단히 묶여 뒤를 돌아볼 수 없는 탓에 인간은 벽에 너울거리는 그림자만이 유일한 진짜 세상이라고 여긴다.

[플라톤의 동굴의 비유]

　인간은 밖에서 빛으로 들어오는 참된 세상은 절대 도달할 수 없는 세상임을 깨닫는다. 이것이 플라톤이 말하는 인간의 비극적 운명이다. 칸트 역시 인간은 그저 감각기관이 받아들이는 가상만을 지각할 따름이라고 했다. 인간의 눈과 귀와 촉각과 전혀 상관없는 실체 자체가 무엇인지 말할 수 없다고 말했다. 이는 마치 물체에 빛을 비춰 스크린에 생기는 그림자로 연기를 하는 꼭두각시 인형극에 비유된다. 관객은 물체를 보지 못하고 물체로부터 만들어지는 꼭두각시 놀음만 감상한다. 스크린 뒤에서는 사람이 대사를 하고 효과음을 내기도 한다. 관객은 스크린에 비친 모습만을 보고 이야기에 빠져든다. 사슬을 끊고 동굴 밖으로 나가 깨달음을 얻은 선각자가 동굴로 돌아와 이데아[11]의 모습을 전하고 사람들을 각성시키려고 한다. 그러

나 편견과 선입견과 고정관념에 사로잡혀 있는 사람들은 듣기를 싫어하고 선각자를 죽여버린다. 아테네의 화려했던 그리스 민주주의는 아이러니하게 플라톤의 스승인 선각자 소크라테스를 죽음으로 몰고 갔다. 아테네 정치에 환멸을 느낀 플라톤은 '아카데미아'에 은둔하며 제자들을 가르쳤다.

3. 무엇이 사람을 움직이게 하는가?

셀프리더십

모든 리더십은 다른 사람에게 미치는 영향력에 초점을 두고 있다. 그러나 셀프리더십은 어떻게 하면 나 자신을 잘 이끌 것인가에 초점을 맞추고 있다. 리더십이론에는 팀리더십, 서번트리더십, 변혁적 리더십, 거래적 리더십, 카리스마적 리더십, 셀프리더십, 윤리적 리더십 등 다양한 종류가 있다. 리더십과 관련해서 어떤 것이 가장 궁금하냐는 질문에서 압도적 1위는 셀프리더십이었다. 많은 사람들은 자신을 효과적으로 이끌지 못하면 경쟁에서 이길 수 없을 뿐만 아니라 다른 사람을 바람직하게 이끌 수 없다고 생각하기 때문이다. 따라서 셀프리더십은 가장 기본이 되는 리더십이며 다른 리더십을 가능하게 해주는 바탕이 된다. 대다수의 리더십 실패 원인은 셀프리더십의 실패에 기인한다. 모든 사람은 나름의 맹점을 가지고 있으며 그것을 알아차리지 못하는 경향이 있다. 우리는 자신의 맹점보다는 다른 사람의 부족함을 더욱 명확하게 본다. 성공적인 셀프리더가 되려면 자신의 맹점을 명확하게 확인하고 이를 개선해 나가야 한다. 성경에는 두 번이나 반복하여 자신의 문제점을 먼저 확인하고 이를 시정한 후 다른 사람을 리드하라고 권고한다. "너는 네 눈 속에 있는 **들보**를 보지 못하면서 어찌하여 형제에게 말하기를 형제여 나로 네 눈 속에 있는 티를 빼게 하라 할 수 있느냐 외식하는 자여 먼저 네 눈 속에서 **들보**를 빼라 그 후에야 네가 밝히 보고 형제의 눈 속에 있는 티를 빼리라 (눅 6:42;마7:3)." 또한 예수님은 열두 제자를 세상에 보내시기 전 먼저 자신의 리더십을 확립한 후 사역에 나서라고 명령한다. 자신의 셀프 리더십 확립이 우선인 것을 강조하고 있다. "너희는 **위로부터 능력**으로 입혀질 때까지 이 성에 머물라 하시니라(눅 24:49)."

불안정한 리더는 다른 사람이 자신을 어떻게 생각할지 걱정하고 자신의 이익만 추구한다. 이러한 리더는 팔로워(추종자)에게는 물론이고 조직에까지 해를 끼친다. 발자크는 "사람들과의 좋은 관계를 가로막는 가장 큰 걸림돌은 자신에 대한 불편한 감정이다."라고 말했다. 간디는 인도독립을 옹호하는 영국의회 연설에서 원고 없이 두 시간을 열정적이고 호소력 있게 촉구했다. 간디는 자신이 느끼는 것, 생각하는 것, 말하는 것이 일치하기 때문에 연설문이 필요 없었다. 자신의 맹점을 고치기 위해서는 자신만의 일상적인 습관을 분석하는 것이 필요하다. 다른 사람을 배척하는 성격은 감사할 줄 모르고 자기 말만 하며 험담과 비난을 일삼는다. 세상의 어두운 면만 보고 꾸며낸 말을 하기 좋아한다. 이러한 자는 결국 이웃과 사회에서 소외된다.

[습관 분석]

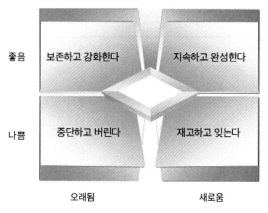

좋음	보존하고 강화한다	지속하고 완성한다
나쁨	중단하고 버린다	재고하고 잊는다
	오래됨	새로움

나쁜 습관과 좋은 습관을 종축에 두고 오래된 습관과 새로운 습관을 횡축에 두면 위의 그림과 같이 네 가지 형태의 습관에 대한 의사결정 전략이 세워진다. 오래전부터 간직하고 있던 좋은 습관은 보존하고 강화시켜 나간다. 그러나 오래된 습관인데 고쳐지지 않는 나쁜 습관은 즉시 중단하고 과감하게 버린다. 좋은 습관인데 최근에 발견하게 된 습관은 계속 유지하고 완전히 자신의 것으로 만든다. 그러나 새로운 습관인데 나쁜 영향을 주는 습관은 신중하게 재고하고 버린다. 성경에 **"주는 것이 받는 것보다** 복이 있다(행20:35)."라고 했다.

받는 것보다 더 많이 주는 습관을 가지는 것은 좋은 것이고 복을 가져온다. 이 습관은 사람을 변화시키고 세상을 변화시킨다. 여기서 주는 것은 베푸는 것을 포함한다. "곳간에서 인심 난다."라는 격언처럼 먼저 베풀고 나눈다면 이것이 선순환이 되어서 사람들이 변화되고 사회 전체가 밝아진다. 준다는 의미는 물질적인 것도 포함되지만 따뜻한 말 한마디와 겸손한 태도도 내포된다. 탁월함과 겸손함을 겸비하고 열린 마음으로 사람에게 다가간다면 사람들은 리더를 존경하게 된다.

또한 다른 사람을 끌어당기는 성격을 습관화하고 다른 사람을 배척하는 성격을 멀리하는 것이 필요하다. 다음은 두 가지 대립된 성격적 특성을 보여준다. 즉 감사하고 남의 말을 경청하는 일, 아이디어를 대화의 주제로 삼는 일, 세상의 밝은 면만 보는 노력, 남을 격려하는 일, 과장하지 않고 솔직하게 대화하는 일 등을 습관화한다면 상대방으로부터 존경과 좋은 평가를 받게 된다.

[사람을 끌어당기는 성격과 배척하는 성격]

사람을 끌어당기는 성격적 특성	사람을 밀어내는 성격적 특성
감사할 줄 안다. 경청한다. 아이디어를 두고 이야기한다. 세상의 밝은 면을 본다. 격려한다. 숨기지 않고 있는 그대로 말한다.	감사할 줄 모른다. 자기 말만 한다. 사람을 두고 평가하거나 험담한다. 세상의 어두운 면을 본다. 비난한다. 과장하고 꾸며낸 말을 한다.

이와 같이 셀프리더십을 성공적으로 이루기 위해서는 좋은 습관을 보존하고 타인과 친화하는 일을 강화해 나가는 것이 필요하다. 치열한 경쟁의 삶을 살았던 잭웰치는 1984년 미국에서 가장 무자비한 경영자 1위에 올랐던 인물이다. 늘 경쟁과 도전, 용기와 헌신을 강

조했지만 그에게 돌아오는 것은 개혁을 비난하는 사람들의 혹평이었다. 그러나 그는 개의치 않고 묵묵히 성과로 답했다. 그는 결단력으로 위기에 빠진 GE(General Electric)사를 여러 번 구했고 치열한 기업 경쟁에서 승리를 거두었다. 그는 어릴 적 심각한 말더듬이였다. 식당에서 주문할 때 "차-참치(tu-tuna)샌드위치요."라고 하자 웨이트리스는 그의 주문을 두 개의 참치샌드위치(two tuna)로 알아들었다. 그런데 그의 어머니는 오히려 그의 마음을 다독이고 격려해 주었다. "웰치 누구의 혀도 너를 따라갈 수 없어. 네가 더듬는 것은 네가 너무 똑똑하기 때문이야."라고 격려해 주었다. 어머니의 칭찬은 그를 세기의 경영인으로 만들었다. 탁월한 위기관리능력과 강력한 리더십으로 퇴임 시까지 단 한 번도 개혁을 위한 리더의 헌신을 멈추지 않았다. 21세기 슈퍼 리더는 자기 자신을 스스로 리드할 수 있도록 해주는 솔선형 헌신 리더를 말한다. 즉 직원을 셀프리더로 만들 수 있어야 한다. 중국 최대 전자상거래그룹 알리바바의 창시자 겸 회장인 마윈은 현재 자산이 약 31조 원에 이르는 아시아 최대 부호다. 그는 대입시에서 삼수 끝에 전문대학에 들어갔고 악착같이 영어와 경영학을 공부했다. 무일푼으로 시작한 창업 초기, 그가 일어설 수 있었던 것은 자신의 통찰력을 기반으로 한 자기확신 행동 덕분이었다. 수없이 많은 실패와 좌절 가운데서도 세상을 향해 열정을 유지하고 힘든 일에도 즐거움을 찾으려 애썼다.

음악감상

음악 연주가나 교수 등 전문가들은 음악을 감상할 때 좌뇌로 음악을 듣고 보통 사람들은 우뇌로 듣는다고 한다. 전문가는 음악의 내용이나 기교에 잘못이 있는지를 이성적으로 판단하면서 감상하기 때문에 감상의 진정한 의미를 찾지 못한다고 한다.

슬픈 음악은 긍정적인 감정을 불러일으킨다는 연구가 있다. 멜랑콜리(melancholy)한 노래를 들으면 사람들은 아티스트의 슬픔에 공감하지만 막상 슬픈 일이 자신에게 닥쳤을 때는 자신이 영향을 받지는 않는다고 한다. 오히려 슬픈 음악을 들을 때 카타르시스를 느낄 수 있다고 전문가들은 말한다. 그 외 슬픈 음악감상의 효과는 스트레스 해소, 동기부여, 생산성 향상 등을 가져온다. 한국의 전통가요인 〈오빠 생각〉, 〈섬 집 아기〉 등 애잔함을 품고 있는 동요를 듣고 있노라면 슬픔 가운데서도 잔잔한 희열을 느낄 수 있다.

카이스트의 한 교수는 창의적인 사고에 한국의 전통가요인 〈오빠 생각〉, 〈섬 집 아기〉 등이 도움을 준다고 말한다. 그래서 차를 운전할 때 잔잔한 이들 노래를 즐겨 듣는다고 했다.

한국 해병대

"그들은 마치 귀신도 잡을 수 있을 것 같았다(They might even capture the devil)." 1950년 8월 23일 미국 뉴욕헤럴드트리뷴지(紙)에 실린 6·25전쟁의 전황 보도 중 한 줄이 독자들의 눈길을 사로잡았다. 북한군 2개 연대가 경남 통영 시내를 기습 공격하자 한국 해병대가 단독으로 반격에 나선 '통영상륙작전'을 다룬 기사였다. 이때 해병대의 활약에 강한 인상을 받은 종군기자 마거릿 히긴스(1920~1966)가 기사에 이런 표현을 쓴 것이다. 국내 신문이 이를 번역해 보도하는 과정에서 '귀신 잡는 해병대'라는 말이 생겨났고, 지금까지 우리 해병대를 대표하는 수식어로 쓰이고 있다. 그녀는 6·25전쟁을 취재한 300여 명의 종군기자 중 유일한 여기자였다. 전쟁 발발 이틀 만에 한국 땅을 밟은 뒤 6개월간 전쟁의 참상을 전 세계에 전했다. "평화 시에는 자식이 부모를 매장하지만 전시에는 부모가 자식을 매장한다."라고 헤로도투스가 말했다.

[마거릿 히긴스(1920-1966)]

출처: Wikimedia Commons, the free media repository

인천상륙작전 때 여자를 함정에 태우지 않는다는 미군의 방침에 맞서 "갑판 위에서 자겠다."라며 버텨 승선을 허락받은 일화도 유명하다. 미국에 돌아온 뒤인 1951년, 그간 취재를 바탕으로 『한국전쟁(War in Korea)』이라는 책을 출판했다. 그녀는 이 책을 들고 미국 전역을 돌며 "한국을 도와야 한다."라는 캠페인을 벌였다. 그녀의 캠페인은 미국 젊은이들로 하여금 한국을 위해 참전하도록 하는 데 크게 기여했다. 히긴스는 이 책으로 여기자 최초로 퓰리처상을 받았다. "전쟁으로 값비싼 대가를 치르고 있지만 패배할 때 치러야 할 비용보다는 훨씬 저렴할 것"이라는 말을 남겼다.

국왕의 세계

475년간 지속된 고려왕조의 경우 태조로부터 공양왕까지 34명의 국왕이 배출되었다. 국왕의 재위기간은 평균 13.97년이다. 국왕의 호칭은 왕이 죽은 후 붙여진다. 재위기간에 덕이 있으면 종(宗), 국가 창업 내지는 나라를 위기에서 구한 공이 있으면 조(祖)를 붙인다. 그러나 고려왕조는 조라는 칭호에 인색해 태조 왕건 한 사람만 조를 붙이고 23명의 국왕에게 종을 붙였다. 조선 시대와는 달리 고려 시대에는 왕의 호칭을 붙인 경우가 10명이나 된다. 특히 원 간섭기의 왕은 6명이 모두 왕으로 불렸다. 그것도 앞에 충을 붙였다. 원래 종이나 조는 중국 황제에게 붙이고 왕은 중국 황제보다 낮은 제후에게 붙이는 칭호다. 원나라는 자기들이 천하의 중심이고 고려는 제후나라라고 생각했다. 원의 공주와 혼인함으로써 국왕을 통해 고려를 실질적으로 지배했다. 공민왕이 피살되고 우왕과 창왕이 이성계에 의해서 폐위된 후 마지막 왕인 공양왕마저 유배되어 죽게 된다. 고려의 국왕 34명은 총 164명의 자녀를 두었다. 평균 5.5명의 자녀를 둔 셈이다. 조선의 국왕 27명은 총 235명의 자녀를 둠으로써 평균 8.7명의 자녀를 두었다. 고려의 왕조가 조선에 비해 상대적으로 적게 자녀를 둔 이유는 무엇일까? 그 이유는 왕실혼이 근친혼이었기 때문에 유전적 결함과 관련을 가진다. 남남북녀의 진정한 의미는 혼인은 될수록 먼 곳에 있는 사람끼리 하라는 의미다. 고려 시대 국왕의 평균 수명은 44세다. 고려 충렬왕이 73세로 가장 장수했다.

엘리베이터 안의 서열

엘리베이터 안의 작은 공간에서도 잠시나마 작은 사회계급이 형성된다. 호주의 한 대학연구팀의 조사에 의하면 사람들이 엘리베이터 안에 들어가서 서는 위치에 일정한 질서가 형성된다는 사실이 밝혀졌다. 지위가 높은 사람은 성큼성큼 엘리베이터 칸의 뒤쪽으로 들어간다. 맨 안쪽 가운데 서서 문 쪽을 향해 서 있는 다른 사람들을 쭉 훑어본다. 이에 비해 지위가 낮은 사람은 중간쯤에 자리 잡는 경우가 많다. 그 앞쪽에는 나이와 상관없이 주로 여성들이 늘어선다. 여성은 얼굴을 맞대고 서지 않으려고 버튼이 있는 앞쪽 구석을 택한다. 엘리베이터를 타는 짧은 시간 사이에 잠재의식적인 권력투쟁이 벌어진다. 시선을 두는 방향에도 차이가 있다. 남자들은 모니터를 보거나 자신의 모습이나 다른 사람을 살피려고 벽면의 거울을 들여

다본다. 반면 여자들은 모니터는 보지만 거울은 보지 않는다. 다른 사람들과 얼굴을 마주치지 않는다. 여자들은 혼자 타거나 다른 여자들과 탔을 때만 거울을 보고 남자가 한 명이라도 있으면 아예 거울은 보지 않는다.[12]

책을 읽어야 하는 이유

인류의 역사는 세계에서 제일 오래된 수메르(Sumer) 문명(BC3500년경)에서 시작되었다. 이 시기에 최초문자인 쐐기문자가 만들어졌고 그래서 역사는 수메르문명에서 시작된다(History begins at Sumer)고 한다. 요즈음 세대는 책 대신 컴퓨터, 이메일, 스마트폰, 페이스북을 선택하고 거기에 몰두하고 있다. 책을 읽는 것은 시대에 뒤떨어진 사람이나 하는 일처럼 치부되고 있다. 그러나 우리가 책을 읽는 것을 등한시한다면 인류가 수메르 문명 이래 근 5,500년에 걸쳐서 기록해 둔 역사, 문학, 예술, 과학 등의 수많은 지혜를 내다 버리는 것과 같다.

사륜구동 자동차

자동차의 네 바퀴 모두에 동력을 전달하는 방식을 사륜구동(4 Wheel Drive, 4WD)이라고 한다. 사륜구동 자동차는 앞바퀴가 구덩이

에 빠져도 뒷바퀴가 따로 움직여 구덩이에서 빠져나올 수 있다. 후
륜구동(Rear Wheel Drive, RWD)은 엔진에서 나온 동력을 뒷바퀴로 전
달하는 방식이다.

[사륜구동 자동차]

출처: Wikipedia, the free encyclopedia

　대부분의 국산 차들은 엔진을 앞에 배치하여 앞바퀴를 굴리는 방
식인 전륜구동(Front Wheel Drive, FWD) 방식이 이용된다. 후륜구동
은 구동축이 필요해 전륜구동에 비해 제작비용이 비싸고 무거우며
연비 면에서 손실이 크다. 또한 실내공간 확보가 불리하며 겨울철 눈
길에 취약한 단점이 있다. 장점은 차체의 무게가 앞뒤로 배분돼 고속
주행과 코너를 돌 때 안정적이고 승차감이 좋다. 대부분의 외제차는
후륜구동이다.

나쁜 기억 없애기

　당신의 인생에서 가장 행복했던 사건 10가지를 나열해 보자. 가능한 오감을 사용하여 상세히 그 기억을 묘사하라. 어떤 색이 떠오르는가? 어떤 냄새가 나는가? 기억나는 음악은? 가능한 장면을 생생하게 만들려고 노력해 보라. 나쁜 기억, 굴욕적인 사건 등 기억하고 싶지 않은 기억들은 가만히 두어도 생생하게 불현듯 떠올라서 괴로움을 겪게 된다. 나쁜 추억들은 떠오르는 즉시 세 발자국을 떼기 전 휴지통에 버리자. 그리고 그 자리에 아름다웠던 추억으로 채워라. 인생은 나쁜 기억을 회상하기에는 너무 짧다.

그리스·카르타고·로마

　사람들은 대부분 역사는 과거를 공부하는 학문이라고 생각한다. 물론 역사를 공부하는 사람은 과거의 일을 알기 위해 문헌을 뒤지고 유적을 조사하며 필사적으로 과거의 지식을 배운다. 그러나 이는 단순한 지식습득이 아니라 현재의 개인과 공동체의 삶에 보탬이 되기 위해서다. 과거 사건을 나와 동떨어진 일로 치부하지 않고 자신의 문제로 받아들이는 것이 과거에서 배우는 가장 바람직한 자세. 현재 일어나는 문제들 대부분은 인류가 과거에 저지른 잘못과 관련이 있다. 과거와 현재는 서로 연결되어 있으므로 과거 사건을 지금의 관점에서 살피고 역사에서 얻은 지식을 미래에 지혜롭게 활용할 방법을 모색해야 한다. 간디는 "내일 죽을 것처럼 살고 영원히 살 것처럼 배워라."라고 말했다. 눈을 감는 그 순간까지 꾸준히 배워야 한다. 역사는 인류의 경험을 집대성한 살아 움직이는 이야기다. 어리석은 사람은 경험에서 배우고 현명한 사람은 역사에서 배운다. 그러나 인류는 역사가 전해주는 교훈에 따라 행동한 적이 없다. 플라톤은 인간은 세 종류의 흥미를 가지고 있다고 했다. 지식, 돈벌이, 승리가 그것이다. 실제로 그리스인은 지식, 카르타고인은 돈벌이, 로마인은 승리에 강한 흥미를 가졌다. 일본의 평론가 데쓰로는 "로마는 미국, 그리스는 유럽, 카르타고는 일본을 닮았다."라고 했다.

[세 가지 흥미와 해당국가]

교훈 ＼ 흥미	지식	돈	승리
역사	그리스	카르타고	로마
현재	유럽	일본	미국

고대 그리스와 유럽은 둘 다 자국의 역사와 문화에 무한한 긍지를 느낀다는 점에서 공통점이 있으며 지식을 얻는 일에 강한 흥미를 보인다는 특징이 있다. 카르타고는 비록 작은 영토를 가진 나라지만 당대무역을 독점한 경제대국이다. 제2차 포에니전쟁에서 로마에 패배한 후 카르타고는 군사력을 상실했으나 경제부흥을 통해 지중해의 여왕으로 불릴 만큼 다시 나라를 일으켰다. 이는 제2차 세계대전에

서 패배한 일본이 경제력으로 국력을 회복한 모습과 절묘하게 겹친다. 카르타고인과 일본인은 모두 돈벌이에 매우 관심이 많은 민족이다. 경제력을 완전 회복한 카르타고는 로마의 허가 없이는 다른 나라와 교전하지 않겠다는 약속을 깨고 주변 소국과 국지전을 벌였다. 오만에 빠진 카르타고를 로마는 그냥 두지 않았다. 로마는 제3차 포에니 전쟁을 일으켜 카르타고를 전멸시켰다. 로마와 미국은 군사력과 경제력 양면에서 타의 추종을 불허하는 강대국으로 둘 다 승리에 집착한다. 고대국가로부터 현대 유럽에 이르기까지 세계 각국의 국방예산은 전체 예산의 2/3를 차지하고 있다. 로마도 국가 예산의 2/3 이상을 국방비로 사용했다. 로마처럼 노예제도가 존재하는 사회에서는 힘든 노동을 모조리 노예가 도맡아 했기 때문에 창의적인 개선 노력은 아예 존재하지 않았다. 로마는 주변 민족으로부터 전수한 지식을 세련되게 다듬고 새로운 아이디어로 만드는 노력이 없었다.

산업혁명의 역사

영국은 방직기와 증기기관을 생산한 결과 1750년 전 세계 생산량의 2%를 담당했던 무역량이 1860년에는 20%를 넘어섰다. 19세기 말과 20세기 초 영국과 독일은 치열한 산업 경쟁을 벌였다. '과학과 사람이 있는 나라' 독일은 제1차 산업혁명을 주도한 영국에 비해 1세기나 늦게 뛰어들었지만 영국과의 경쟁에서 뜻밖에도 승리했다. 독일의 생산량은 급속도로 증가했고, 그 결과 20세기 초 진행된 제2차 산업혁명에서 영국을 앞지르기 시작했다. 초기에 선두 자리를 지켰던 영국이 1세기가 지나자 독일에 뒤처진 이유는 무엇일까. 먼저 '최초로 산업화된 국가'라는 약점을 갖고 있었다. 이미 낡은 공장과 설비에 자본을 투자하고 있었으므로 새로운 분야나 신기술의 개발을 꺼렸다. 다음으로 산업 선진국으로서 '성공의 기억'이 영국의 자세를 경직되게 만들었다. 지금까지 산업화가 성공적으로 진행돼 온 만큼 영국인은 만족했다. 하지만 증기기관과 방적기 같은 제1차 산업혁명의 위업이 다분히 우연적인 결과물인 데 비해, 제2차 산업혁명은 과학과 기술의 긴밀한 결합의 산물이었다. 독일은 국가 주도로 과학·기술연구소와 훈련원을 운영했지만, 영국은 제1차 세계대전 이전까지 이런 시설이 전무했다. 영국의 패배는 승자의 자만 때문이었다. 교육의 목적이 창의성 배양이 아니라 '신사(gentleman)'를 만드는 데 있다고 보았기에, 과학·기술 분야로 나아가 창조적 재능을 발휘해야 할 인재들이 정계·관계로 진출했다. 먼저 된 자가 나중이 되기 일쑤인 냉엄한 국제 현실이다.

일본의 전쟁범죄

제2차 세계대전 당시 일본의 가장 큰 범죄는 중국 난징 대학살, 바탄죽음대행진, 시암철도건설 학대 등이다. 1937년 중일전쟁 당시 일본군이 난징에 진입하며 난징 주변과 시내로 도망친 중화민국군 잔당을 수색한다는 명분으로 6주 동안 중국인 포로들과 민간인 30만 명을 무참히 학살했다. 필리핀에서 가혹한 행군으로 전쟁포로 1만 명이 사망한 바탄 죽음의 행진, 타이와 버마를 잇는 시암철도건설을 위해 5만 명이 투입되어 16,000명이 고문과 질병, 영양실조로 죽었다.

노신영 전 장관이 남한과 북한에 대한 일본의 태도를 속담을 인용하여 절묘하게 설명했다. "며느리를 때리는 시어미보다 말리는 시누이가 더 밉다."라는 속담에서 일본의 속셈을 읽을 수 있다. 여기서 며느리는 남한이고 시어미는 북한, 그리고 시누이는 일본이다. 일본은 북한 문제에 대해서 한국 입장을 존중하는 척하면서 실은 암묵적으로 북한에 대해서 유화적인 태도를 취하고 있다는 것이다. 며느리를 학대하는 시어미를 말리는 시늉만 하고 오히려 동서인 며느리가 학대당하는 것을 즐긴다는 것이다. 일본은 한국에 대해서 음험하고 불성실한 감정을 가지고 있다.

식물의 작물화와 동물의 가축화

1만 2,000년 전부터 1만 1,000년 전까지의 1,000년간은 인류역사의 획기적인 전환점이 되는 시기였다. 구석기 시대에서 신석기 시대로 이행하는 분기점에서 인류에게는 혁명적인 사건이 발생했다. 그것은 농업혁명이다. 이 시기에 호모사피엔스는 수렵 채취생활에서 정착 농경생활로 이행하기 시작했다. 인류가 지구를 지배해 가는 과정에서 가장 중요한 특성으로 일컬어지는 사건은 "식물의 작물화와 동물의 가축화"다. 이러한 이행과정에서 지대한 영향을 미친 것은 기후의 변화였다. 마지막 빙하기는 약 2만 5,000년 전에 시작되어 1만 8,000년 전쯤에 정점에 다다랐다가 서서히 온난화로 돌아섰다. 북반구의 대부분을 덮고 있던 빙하가 물러가면서 해수면은 상승했다. 유럽과 아시아의 상당 부분을 덮고 있던 툰드라 지역이 점차 산림과 초목지로 바뀌면서 새로운 동식물이 나타났다. 이제 지구의 기후는 안정되어 농경에 적합한 따뜻하고 습윤한 날씨가 되었다. 지구가 따뜻해지면서 사람들은 이전보다 더 큰 집단으로 모이기 시작했다. 소위 '비옥한 초승달지대(fertile crescent)'는 오늘날 요르단, 시리아, 터키 동남부를 거쳐 이라크와 이란에 이르기까지 총 1,600km에 걸쳐 뻗어있다. 이 지역은 기후와 생육조건이 탁월해서 양, 염소, 소, 돼지는 물론 밀, 보리, 완두, 콩 등의 식물이 잘 자라는 곳이다. 지금의 요르단과 시리아 그리고 이란 등이 위치해 있는 '비옥한 초승달지대'는 유프라테스강과 티그리스강 유역으로 인간이 처음 집단생활을 한 메소포타미아 문명의 흔적이 남아 있는 곳이다.

최초의 농업혁명으로 기록될 밀과 보리 이삭이 비옥한 초승달 지대에서 싹트기 시작했다. 호모사피엔스는 작년에 버렸던 씨앗이 그 자리에 새로운 작물로 자라난다는 사실을 깨달았다. 가장 좋은 식물의 씨앗을 선별해서 보관해 두었다가 다음 해 봄에 파종하는 일을 반복적으로 시행하게 되었다. 시간이 지나면서 사람들은 밀과 보리

같은 식물에 다른 용도가 있다는 것을 발견했다. 밀과 보리를 빻아서 물에 버무리고 효모를 첨가하면 빵이 된다는 사실을 알게 되었다. 비옥한 초승달지대에서 맷돌, 절구 등이 발견되었다. 쓰다 남은 보리죽과 효모를 우연히 방치했

[비옥한 초승달 지역]

'비옥한 초승달' 지역의 심장부

시리아

지중해

요르단

이집트

나일강

더니 맥주라는 발효음료가 생겨났다. 포도껍질에는 천연효모가 함유되어 있어 방치되어 있던 포도는 서서히 발효하여 도수가 낮은 와인으로 변했다. 세계 최초의 와인이 탄생하게 된 것이다.

한편 호모사피엔스가 식물경작을 시작했을 즈음 동물의 가축화 또한 시작되었다. 개가 최초의 가축화 동물이라는 것은 확실하다. 개의 가축화는 3만 2,000년 전에 시작되었다. 개는 사냥감을 포착하여 궁지로 몰고 부상당한 사냥감을 추적하는 데 큰 도움이 된다는 사실을 깨달았다. 양과 염소, 돼지는 그다음으로 가축화되었을 것이다. 이들은 인간이 먹고 남은 찌꺼기를 먹고 의복, 고기, 우유, 기름, 연료 등의 유용한 것들을 얻게 되었으니 일거양득인 셈이다. 특히 머리끝에서 발끝까지 버릴 것이 없는 소의 가축화는 매우 중요하

다. 소는 수레를 끌고 밭을 가는 데 큰 힘을 제공한다. 고기, 우유, 버터, 치즈뿐만 아니라 소가죽으로 옷, 신발, 방패를 만들고 쇠똥과 쇠기름은 연료로 이용되고, 쇠뿔은 무기로 사용되었다.

공감

외진 마을에 기차가 다니기 시작했다. 마을 사람들은 호기심이 가득한 눈으로 열차가 달리는 모습을 구경했다. 그중 한 아이가 유난히 더 신이 나서 매일 기차가 올 때면 높은 곳에 올라가 열차승객들을 향하여 손을 흔들었다. 그러나 안타깝게도 승객들은 단 한 명도 아이에게 관심을 보이지 않았다. 며칠 동안 손을 흔들던 아이는 이렇게 생각했다. 우리 마을이 너무 초라한 걸까, 아니면 내가 너무 못생긴 걸까 내가 서 있는 위치가 잘못된 걸까 아이는 답답한 마음에 결국 병이 나고 말았다. 아이는 병이 든 후에도 계속 손을 흔들었다. 아이의 부모는 이런 아이가 너무 걱정스러웠다. 아이의 아버지는 아이의 병을 고치기 위해 읍내 모든 병원에 가보았지만 의사는 고개를 절레절레 흔들었다. 이 부모는 한 여관방에서 밤을 지내게 되었는데 같은 방에 있던 사람에게 자초지종을 이야기하게 되었다. 다음 날 그 사람은 일찍 여관을 떠났다. 아이의 아버지가 집으로 돌아왔을 때 그 아내가 흥분하여 말했다. 아이의 병이 말끔히 나았다는 것이었다. 그날 아침 기차가 지나갈 때 한 남자가 창밖으로 상체를 내밀고 열심히 아이에게 손을 흔들어 주었다고 했다. 기차를 향해 손을 흔들었던 그 아이는 그 이후 병이 말끔히 나았다. 손을 흔들어 주었던 그 남자는 읍내 여관방에서 같이 지냈던 남자였다. 다른 사람의 고통을 깨달았을 때 이러쿵저러쿵 말만 앞세우는 것은 도움이 되지 않는다. 타인의 고통에 공감하는 자세를 가지고 즉각 행동하는 것이 필요하다.

한국의 교육

한국의 학생들은 초·중·고 12년간 주입식 교육을 받고 종착역인 대학에 들어가게 된다. 그 결과 학생들은 지칠 대로 지친 가운데 시험기계가 되어 배움에 대한 열정도 빛나는 지성을 가꿀 의욕도 상실해 버린다. 지식의 덫에 걸려 창의력이 소진되어 아무것도 할 수 없는 나약한 인간으로 전락한다. 공자는 '學而不思則罔(학이불사즉망)'이라고 했다. 배우되 생각하지 않으면 지식의 그물에 걸려 빠져나오지 못한다는 것이다. 차라리 배우지 않으면 단순하고 소박한 사유 속에서 자유로울 것인데 배우고 나서 그 지식을 소화하고 흡수하지 못할 경우 지식의 그물에 걸려 질식하게 된다는 것이다. 여기에 창의력이 끼어들 공간이 없음은 자명하다. 그래서 추사 김정희는 '반일독서 반일정사(半日讀書 半日靜思)', 즉 하루 중 반은 책을 읽고, 나머지 시간은 곰곰이 생각하라고 권고한다.

중년의 위기

인간의 이상적인 성격은 사고(thinking), 감정(feeling), 직관(intui-tion), 감각(sensation)의 네 가지 기능이 골고루 발달된 상태라고 융은 지적한다. 사고는 감정의 반대편에 있고 직관은 감각의 반대편에 있다. 사고는 판단능력을 촉진시키고 감정은 우리에게 그것이 얼마나 중요한가를 알려준다. 감각은 우리가 만질 수 있는 현실, 즉 물리적 세계와 관련된 기능이다. 감각은 보고 듣고 맛보는 것 등을 통해 우리에게 구체적인 현실에 대해서 알려준다. 그리고 직관은 무의식을 지각하는 기능으로 우리가 무엇을 할 수 있는지를 알게 해준다. 우리에게 배후에 숨겨진 가능성에 대해서 미리 알려준다.[13]

융의 성격모델은 나침반처럼 우리가 심리적 세계에서 어느 방향에 있는지 알아보는 도구다. 인간이 가진 사고, 감정, 직관, 감각의 네 가지 기능을 그림으로 나타내면 다음과 같다. 네 가지 기능 중 어떤 기능이 다른 기능보다 더 편하게 사용되면 우월기능이라고 하고 열등하게 사용되면 열등기능이라고 하자.

만일 한 기능만 발달하고 다른 기능이 발달하지 않았다면 열등한 기능이 예상치 않은 순간에 튀어나오게 되므로 그 사람은 기능들의 부조화로 고생하게 된다.

예를 들어 어떤 사람이 사고 기능이 무척 발달되었다면 감정기능은 항상 그의 열등기능이 된다. 그리고 감각기능이 발달한 사람의 경우 그의 직관기능은 닫혀 있을 가능성이 크다. 그 반대의 경우도

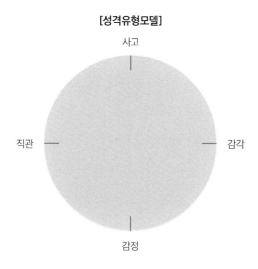

[성격유형모델]

성립된다. 이런 성격의 유형들이 중년의 위기를 가져온다. 중년에 들어서면 그동안 소홀히 했던 기능들이 자신을 알아달라고 요구하기 시작한다. 열등기능을 인정하고 그것을 발달시킨다는 것은 무척 고통스러운 일이다. 그렇기 때문에 그 열등기능을 다른 사람에게 투사해 버린다. 중년에 들어서 외고집이 된다든가 고지식한 면이 이웃에게 알려지는 경우가 이런 케이스다. 열등기능은 우리가 인정하고 수용해야만 하는 우리의 일부다.

중년의 위기는 이런 열등기능을 깨닫고 그것을 발달시킬 좋은 기회가 된다. 매우 발달된 우울기능의 반대편에는 열등기능이 있다. 그리고 우월기능과 열등기능 사이에 있는 두 기능은 우월기능보다는 못하지만 열등기능보다는 잘 작동되는 기능이다. 예를 들면 사고가 우월기능이면 감각과 직관기능도 잘 작동된다. 우월기능이 감각이라면 감정과 사고기능은 두 번째로 좋은 기능이 된다. 여기서 한 가지 유의해야 할 것은 콤플렉스가 작동하면 우리는 아무것도 명확하게 볼 수 없기 때문에 네 가지 기능이 모두 왜곡된다. 화가 났을 때 대상이 우리에게 얼마나 가치 있는지 정확하게 측정할 수 없기 때문에 우리는 제대로 생각할 수 없게 된다.

리더십

21세기 진정한 리더가 되기 위해서는 꿈(dream), 꼴(boss-type), 끈(network), 끼(competency), 깡(courage), 꾀(creativity)가 있어야 한다. 지도자가 되기 위해서는 미래의 비전을 창출할 수 있어야 하고(dream), 통이 크고 자신감이 있어야 하고(boss-type), 많은 사람들과 인맥 네트워크(network)을 형성하고, 양질의 정보를 소통할 수 있어야 한다(competency). 전략적 의사결정에 대한 결단력과 추진력이 있어야 하고(courage), 창의성이 풍부한 아이디어(creativity)를 제시할 수 있어야 한다. 2017년 젊은이들의 전폭적인 지지를 받았던 트렌드 신조어는 인생을 즐겨야 잘 산다는 뜻의 욜로(Yolo)라이프다. You only live once의 약자로 인생은 한 번뿐 현재를 즐기자는 뜻을 내포하고 있다. 미국 내 20~30대 젊은이에게 번지기 시작했다. 현재 내가 하고 싶은 것을 하면서 살아야 후회가 없고 잘 사는 것보다 즐겁게 살고 싶다는 바람이 포함되어 있다. 시장경쟁에서 성공하는 리더는 경쟁자보다 중요한 변화를 빨리 알아내는 차별화된 능력이 있어야 한다. 미국이나 유럽의 산지에 가면 범블비(bumblebee)라는 벌을 자주 볼 수 있다. 몸통 무늬의 변이가 심하고 몸길이가 꿀벌의 4~5배에 이른다. 일주일 평균 1,600km를 나른다. 실제 몸 구조는 이론상 날 수 없는 몸통을 가지고 있다. 몸이 뚱뚱하고 날개가 작아 공기 역학적으로 오래 날 수 없다. 그러나 믿음이 있다면 불가능이 없다는 신념을 증명이라도 하듯이 상상을 초월하여 날고 있다. 리더는 탁월한 정서적 집중력을 가져야 한다. 정서적 집중력은 복잡한 상황에서 그것을 단순화시킬 수 있는 능력을 말한다.

강수량 400mm의 비밀

거대한 중국의 국토를 면밀히 살펴보면 연간 강수량 400mm(15인치) 이상인 지역에서만 농경이 가능하다. 그 이하면 초보식물의 생장만 가능한 척박한 땅이다. 중국의 전통관념은 자기 나라가 세계의 중심이고 그 외 나라는 오랑캐라는 화이사상(華夷思想)에 기본을 두고 있다. 강수량 400mm의 비밀이 여기에 있다. 역사적으로 400mm가 넘는 지역은 중국 땅이었고 그 이하면 오랑캐나라로 남아있음을 알 수 있다. 중국과 오랑캐를 구분하는 기준은 바로 문명과 그 주변 지역인 야만으로 나뉜다는 것을 의미한다. 척박한 땅에 사는 북쪽 이민족은 겨우 풀을 뜯어먹고 사는 동물에 의지해 살아갔으므로 유목민족이라 불린다. 징기즈칸의 몽골민족과 흉노, 거란 등이 대표적인 유목민족이다. 이들은 항상 식량부족이라는 현실에 직면하게 되자 중국을 습격하여 곡식을 약탈해 갔다. 중국역사는 한마디로 이 둘 사이에 벌어지는 끊임없는 투쟁의 역사다. 중국은 유목민족의 위협에 대비해 진시황때부터 성을 쌓기 시작했는데 이것이 만리장성이다. 인공위성에서 흰 띠로 나타나는 6,400km의 만리장성의 궤적을 따라 가 보면 정확히 400mm 강수량선과 일치한다.

베이징(북경)은 원·명·청 대를 거쳐 현재까지 수도의 지위를 잃지 않고 있다. 베이징의 지형은 용이 서리고 호랑이가 웅크린 자세로 형세가 웅위롭다. 남으로는 장강을 제압하고 북으로는 쑹화강평원과 사막지역으로 이어지고 있다. 중국황제는 사통팔달의 중앙에 거하고 사방으로부터 조공을 받게 된다. 베이징은 400mm 강수량선 바로 밑에 위치한다. 북쪽의 이민족은 베이징의 방어선만 돌파하면 파죽지세로 남쪽까지 밀고 내려갈 수 있다. 따라서 중국의 여러 왕조들은 베이징을 수도로 삼고 적에 대한 경계를 늦추지 않고 방어역량을 강화해 나갔다. 만리장성은 많은 장정들이 강제로 끌려와 평생 고역에 시달려 죽은 슬픈 역사로 남아있다. 그러나 그렇게 완성된 만리장성이 오랑캐를 물리치는 역할을 한 적이 단 한 차례로 없다는 사실이 드러났다. 이민족은 뇌물을 주고 만리장성을 자유롭게 드나들었다.

유머

유머는 상대를 무장해제하고 친밀감을 형성한다. 타이밍을 잘못 잡거나 남용하면 역효과다.

마크트웨인은 촌철살인의 명언을 많이 남겼다. "설교가 20분을 넘어가면 어떤 죄인도 구원할 수 없다.", "정치인과 기저귀는 같은 이유로 종종 갈아야 한다."

보통 사람들이 승용차를 고를 때 고려하는 요소 중 하나는 승차감이다. 그런데 외제차를 선호하는 사람들의 고려요소에는 하차감이 들어간다. 차가 목적지에 도착해서 하차할 때 다른 사람들에게 외제차를 과시하고자 하는 마음이 남다르다.

외국인이 가장 무서워하는 식당 간판은 할머니 뼈다귀 해장국과 남동 생고기다.

장기·체스·바둑

취미는 잊어버리기 위한 것과 얻기 위한 것으로 구분된다. 스트레스를 풀기 위한 각종 스포츠를 즐기는 것은 전자에 해당되고, 후자는 음악감상이나 독서 등을 들 수 있다. 그런데 골프는 잊어버리기 위한 것도 아니고 얻기 위한 것도 아니다. 골프는 취미라기보다는 상대방과 대화하며 친교를 나누는 시간이 많기 때문에 사교에 가깝다.

스트레스를 해소할 만큼 몰두하는 것도 아니고 사색하거나 아이디어를 얻기 위해 시간을 할애할 수도 없다. 장기, 체스, 바둑은 보드(Board) 위에서 규칙을 정해놓고 벌이는 게임이다. 스트레스를 해소하기도 하고 인지능력 향상과 집중력 제고에 도움을 준다.

　장기는 초나라 왕 항우와 한나라 왕 유방이 나라를 빼앗는 싸움에서 유래되어 반드시 승부를 가르는 놀이로 정착됐다. 〈삼국사기〉에 의하면 백제 개로왕이 장기를 즐겼다고 한다. 이것이 최초의 역사기록이다. 고려 초부터 송나라 상인들이 들고 온 장기를 고려인이 대국하였다는 역사기록이 있다. 한국 장기는 조선 시대에 양반이나 고관대작들의 전용놀이였다.

[장기·바둑·체스]

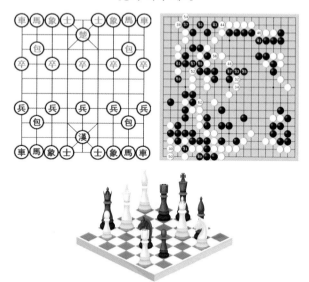

출처: Wikimedia Commons, the free media repository

장기는 장기판 위에서 청(靑)인 초(楚)와 홍(紅)인 漢으로 진영을 나눈 후 서로 싸우는 진법(陣法) 놀이다. 각 진영의 將인 王은 楚, 漢으로 각 한 짝, 차(車), 포(包), 마(馬), 상(象), 사(士)는 각각 두 짝, 졸(卒, 兵)은 각 다섯 짝으로 구성되어 있다. 한쪽은 총 16짝이며, 양쪽을 합하여 32짝을 가로 10줄, 세로 9줄로 그려진 네모 꼴의 장기판에 포진시켜 상대편의 將(王)을 진퇴불능의 상태로 만들어 승패를 결정짓는다. 서양의 체스놀이는 경기자가 상대를 죽이고 파괴해야만 이기는 게임이다. 체스에는 엄격한 계급질서가 형성되어 있다. 왕과 여왕, 기사, 병사의 순으로 상하질서가 확립되어 있다. 체스왕국은 평등한 공동체가 아니다.

동양의 장기에 대응하는 서양 게임이 체스다. 바둑에 대응하는 서양 게임은 없다. 바둑은 동양 고유의 보드게임이라고 할 수 있다. 바둑은 바둑판이라 불리는 상하종횡으로 각각 19줄이 그려져 있는 평평한 판에 두 명의 사람이 흑과 백의 돌을 사각의 판 위에 번갈아 놓으며 집을 차지하는 것을 겨루는 놀이다. 가로와 세로 각각 19줄이 그어진 바둑판 위의 361개 교차점에 돌을 둘 수 있다. 우주 전체 원자의 갯수가 10의 80승이고, 바둑판에서 배치 가능한 경우의 수는 10의 171승이라고 한다.[14] 즉 천체물리학에서 말하는 우주 전체의 원자 개수보다 큰 수이기 때문에 바둑은 평생을 두어도 늘 새로운 게임을 할 수 있다는 결론이다. 바둑 한 알 한 알은 모두 평등하며 자기의 위치에서 역할을 수행한다. 상대보다 더 많은 공간을 자신의 돌로 둘러싸는 것이다.

역사와 문학의 관계

조지오웰은 "과거를 지배하는 사람이 미래를 지배하고, 현재를 지배하는 사람이 과거를 지배한다"라고 말했다. 또한 "어리석은 사람은 경험에서 배우고 현명한 사람은 역사에서 배운다."라고 비스마르크는 말했다. 역사는 인류의 경험을 집대성한 살아 숨 쉬는 이야기다. 카르타고는 제2차 포에니전쟁에서 로마에 패배한 후 군사력을 상실했으나 경제부흥을 통해 다시 나라를 일으켰다. 이는 제2차 세계대전에서 패배한 일본이 경제력으로 국력을 회복한 모습과 비슷하다.

역사는 특수한 사건 당사자의 행위를 기록한 특수성을 지니지만 문학은 누구에게나 일어날 가능성이 있는 보편성을 띤다. 따라서 허구인 문학이 사실인 역사보다 더 진실에 가까울 수 있다. 역사는 항상 개별적 진실을 보여주는 반면 문학은 보편적 진실을 보여주기 때문이다. 역사가는 언어의 사용에 있어서 합리적 개념과 절제된 표현을 사용한다. 반면 작가는 언어를 통해 미묘한 뉘앙스를 나타내며 다양한 의미와 배경을 함께 그려낸다. 역사가는 이성에 호소하여 사람들에게 알리고자 역사적 사실을 나타내지만 작가는 등장인물이나 배경을 통하여 한 인간의 행동과 운명을 보여준다. 따라서 역사가의 언어는 일의적이고 작가의 언어는 다의적이다.

언론의 자유

고대 로마 시대에 주피터신전 꼭대기에 서서 "나는 기독교인이다." 라고 외친 사람은 즉각 체포돼 사자 밥이 되었다. 그로부터 1,500년 이 흐른 후 똑같은 장소에서 "나는 기독교인이 아니다."라고 외쳤던 사람 역시 즉각 체포돼 이단으로 규정되고 화형대에서 죽음을 맞이 했다.

[주피터신전]

우리 시대에도 북한이나 중국에서 마르크스주의 교리에 도전한 반체제인사는 강제수용소로 보내졌으며 자유국가에서는 정통 마르 크스주의의 신봉자는 가혹한 보복을 받았다. 이러한 사회 어디에도 언론의 자유나 양심의 자유는 없었다.

백정이 소를 잡는 방법

칼을 사용하는 도에는 상·중·하가 있다. 하에 해당하는 백정은 칼의 날카로운 면을 사용하여 소의 뼈를 자르기 때문에 3개월만 지나면 칼날이 무뎌져서 못쓰게 된다. 중에 해당하는 백정은 소의 살만 발라내기 때문에 칼날이 다치지는 않지만 칼의 수명은 6개월 내외다. 상에 해당하는 백정은 소의 뼈와 살 틈으로 칼을 넣어서 사용하므로 수십 년이 지나도 칼날이 새것과 같다.

역린(逆鱗)

용의 몸에는 81개의 비늘이 나 있는데 턱 아래 한 비늘만 거꾸로 나 있다. 이것을 건드리면 온화하던 용이 사납게 날뛰며 이를 건드린 사람을 절대 살려두지 않는다. 사람에게도 역린이 있다. 아킬레스건이 역린에 해당된다. 약점 또는 열등감일 수도 있다.

다른 사람의 역린에는 민감한데 의외로 자신의 역린을 모르는 경우가 많다. 갑자기 누군가 그것을 건드리면 물불 안 가

[역린]

출처: Wikimedia Commons, the free media repository

리고 화를 낸다. 역린은 지뢰와 같다. 친한 사람끼리는 서로의 역린을 알기 때문에 건드리는 발언을 삼간다.

욕망

성적 접촉에 대한 욕망은 인간의 욕망 중 가장 끈질기고 강력하며 억제하기 힘들다. 그렇기 때문에 자신 안에 잠재되어 있는 천재성을 발휘하도록 그러한 욕망을 길들여서 성적 접촉 말고 다른 행동으로 전환시키는 것이 유익하다. 반대로 이 욕망을 통제하거나 다른 욕망으로 전환시키지 못한다면 그 욕망으로 인해 동물적 차원의 인간으로 추락할 수 있다.

독서의 효능

독서로 얻는 간접체험은 인간을 국제화시대를 헤쳐갈 수 있는 뛰어난 인재로 만든다. 지식은 독서량에 비례한다. 시야의 넓이 역시 독서 범위에 비례한다. 독서량이 많을수록 지식이 풍부해지고 독서의 범위가 넓을수록 시야는 넓어진다. 독서를 할 때 고도의 전문지식은 필요없다. 다양한 학문과 지식을 가능한 한 얇게 넓게 자기 것으로 만든다는 의식이 중요하다. 모든 분야의 전문가가 될 필요는 없다. 거시적 관점에서 세상을 보는 능력이 필요하고, 넓은 시각으로 대상을 조망하고 능력과 사물의 본질을 한눈에 꿰뚫어 보는 통찰력이 필요하다. 비즈니스에서는 서로 관계 없어 보이는 지식과 지식이 결합해 새로운 제품과 서비스가 생겨난다.

하버드 대학생은 4년간 약 1,000권의 책을 읽고 일본 대학생은 4년간 40~50권을 읽는다는 통계가 있다. 일본 대학생의 독서량은 미국 대학생의 약 10분의 1에 해당한다. 21세기 독서의 최대 적은 스마트폰이다. 독서 인풋이 없으면 아웃풋도 없다. 지식과 정보의 인풋이 많을수록 본질을 꿰뚫어 보는 분석 결과를 아웃풋 할 가능성은 커진다.

우유부단함

심리학자 윌리엄 제임스는 "우유부단함이 습관화된 사람보다 더 비참한 사람은 없다."라고 말했다. 스웨트 마든은 우유부단한 사람을 바닷가재에 비유했다. 바닷가재는 조수에 밀려 뭍으로 나왔다가 바위 위에 걸리면 바다로 돌아가기 위해 노력할 만한 분별력이 없다. 그저 바닷물이 다시 밀려와서 자신을 데려다주기만 기다린다. 그런데 바닷물이 자신이 있는 곳까지 닿지 않는다면 바닷가재는 한 발짝도 움직이지 못하고 그대로 죽어간다. 아주 조금만 노력해도 파도에 닿을 수 있는데 말이다. 어쩌면 바닷물과의 거리가 채 1m도 되지 않을 수도 있다. 세상에는 이러한 바닷가재 같은 사람들로 넘쳐난다. 그들은 우유부단이라는 바위에 발이 묶인 채 빠져나가기 위해 노력하는 대신 운 좋게 커다란 파도가 밀려와서 자신을 데려가 주기만을 마냥 기다린다.

[흔들의자]

우유부단한 성격의 사람은 움직이고는 있지만 어디로도 가지 못하는 흔들의자에 앉아있는 사람과 같다. 흔들의자에 앉은 사람은 한 발짝도 앞으로 내딛지 못한다. 이제 더 이상 흔들의자에 앉아 앞뒤로 움직이기만 하지 말고 용감하게 발을 내디뎌야 한다.

관용과 오만

로마가 대제국으로 발돋움한 원동력을 한마디로 말하면 관용(tolerance)이고 로마가 멸망하게 된 원인을 한마디로 요약하면 오만(hubris)이다. 성경에 "너희 관용을 모든 사람에게 알게 하라. 주께서 가까우시니라(빌4:5)."라고 말씀하고 있다. 또한 "교만은 패망의 선봉이요 거만한 마음은 넘어짐의 앞잡이니라(잠 16:18)."라고 가르친다. 관용을 주변 사람들이나 나라에게 베풀면 흥하게 되지만 교만하게 되면 패망에 이르게 되는 것을 교훈으로 보여주고 있다. 역사적으로 성공한 사람이 말년에 실패하는 이유는 자만과 독선에 빠지기 때문이다. 자만에 빠진 초패왕은 해하전투에서 패했고 관우는 형주를 잃었으며 나폴레옹은 워털루에서 패했다.

카리스마

카리스마는 100% 현재에 충실한 사람이 가질 수 있는 자질이다. 현재 하고 있는 일에 집중하면 높은 효율을 내는 몰입에 들어가게 된다. 카리스마는 평범한 사람과 구별되는 신비롭고 초인적인 능력이다. 그러나 카리스마는 선천적인 능력이기보다는 후천적으로 개발할 수 있는 성품이다. 카리스마를 가진 사람은 다음과 같은 여섯 가지 특성을 가진다. 첫째, 상대방의 관점에서 생각하고 이해하고자 하는 공감능력이다. 둘째, 대화상대방의 말에 진심으로 귀를 기울이는 경청기술이다. 셋째, 타인의 지위와 눈높이에 맞추고 그것을 유지하는 능력이다. 넷째, 상대방의 생각이나 행동을 칭찬하여 그의 정신과 기분을 고양시키는 능력이다. 다섯째, 상대방의 평가에 신경 쓰지 않고 진정성과 확신을 가지고 행동하는 능력이다. 여섯째, 사람들과 의미 있는 대화로 소통할 수 있는 자질이다. 미국의 케네디 대통령과 마틴 루터 킹 등은 카리스마가 뛰어난 사람으로 손꼽힌다.

알렉산더 대왕

알렉산더는 "아버지가 계속 정복해 나가면 내가 정복할 영토가 남지 않을 것이다."라며 아버지 필리포스보다 더 뛰어난 정복자임을 보여주고 싶었다. 필리포스가 신하에게 살해되자 알렉산더는 자신의 방식대로 세계정복을 시작했다. 아시아 정복을 꿈꿨던 아버지가 끝내 정복하지 못했던 당시 세계 최강 페르시아 정복에 나섰다.

기원전 331년 알렉산더가 이끄는 마케도니아 군대와 페르시아의 다리우스 3세의 군대 간 제국의 운명을 건 전투가 벌어졌다. 마케도니아 군대는 보병과 기병을 합쳐 불과 5만 명에 불과했다. 그러나 페르시아는 그 당시 세계에서 가장 큰 제국을 가지고 있었으며 군대는 20만 명을 넘어섰다.

페르시아 군대는 전력 면에서 절대적으로 우세한 상황이었지만 두 번의 마케도니아와의 전투에서 패배하여 잔뜩 지쳐있었다. 이를 간파한 알렉산더는 일부러 정찰병이 적군에 잡히게 하여 거짓 심문을 받게 했다. 다리우스 왕에게 알렉산더 군대가 야간공격을 준비하고 있다고 거짓 정보를 흘렸다. 다리우스는 야간공격에 대비하여 밤새도록 전투 준비를 시켰다. 마케도니아 군대는 티그리스 강가에서 충분한 휴식을 취하고 있었다. 가우가멜라평원에 해가 뜨자 두 군대는 아르벨라에서 격돌했다. 알렉산더는 적의 사령관은 적군을 서로 연결하는 구심점을 이루기 때문에 자신의 최정예기병이 적군의 중심에 있는 사령관을 집중 공격하도록 명령했다. 알렉산더가 표범같이 날쌔게 돌진해 오니까 두려움에 사로잡혀 전쟁터에서 도망갔다. 사령관이 무너지자 부하들은 뿔뿔이 흩어지고 순식간에 마케도니아 군

[알렉산더 대왕]

대는 칼로 버터를 자르듯 적의 군대를 도륙하기 시작했다. 결국 페르시아 군대는 9만 명의 군대를 잃었고 마케도니아 군대는 불과 5백 명의 병력을 잃는 데 그쳤다. 마침내 페르시아를 정복하고 다시 인도로 눈을 돌렸다. 전쟁의 승패는 숫자에 달려있는 것이 아니라 사기와 용기에 달려 있다. 처칠은 "용기는 다른 모든 덕목들이 의지하는 만큼 덕목 중의 최고로 여겨져야 한다. 만일 다리우스 왕이 아르벨라 전투에서 용기를 잃고 도망치는 대신 군건한 태도로 맞섰다면 알렉산더 왕을 패배시켰을 것이다."라고 말했다. 용기는 습관이다. 의식적으로 용감하게 행동하는 훈련을 하면 위험에 직면했을 때 두려움을 극복하고 용기를 가질 수 있다. 에머슨은 "일생을 통해 두려워하는 일에 도전하는 걸 습관으로 삼아라. 두려운 일에 정면으로 부딪치면 두려움은 사라진다."라고 말했다.

4. 리더십 인물탐구

중국, 도적황제의 역사[15]

사기에 "혁대의 고리를 훔친 자는 주살되고, 나라를 훔친 자는 제후가 된다."라는 말이 있다. 오랜 옛날부터 20세기 초까지 중국에는 언제나 盜賊이 있었다. 민중에 회자되는 도적(bandit)은 용감하고 의를 중시하고 솔직하고 남자답다. 중국의 수호전이나 영국의 로빈 후드 이야기, 한국의 홍길동전 등은 민가의 도적에 관한 전설이 집대성된 것이다. 도적의 기본요건은 官이 아니고, 무장을 하고 있으며, 집단을 이루며, 실력으로 요구를 관철하려 한다는 것이다. 중국은 인구는 많은데 경작지는 전체 땅덩어리의 10%밖에 되지 않는다. 따라서 전체 인구의 80% 이상이 농촌에 살고 있는 중국에서는 일거리가 없는 사람들이 부지기수였다. 도적이 내세우는 명분이 배가 고파서가 아니라 세상을 바로잡는다든지, 공평한 세상을 만들겠다든지, 유토피아를 실현하겠다는 등의 목표를 내세우면 많은 사람들이 합세하게 된다. 슬로건으로 악덕관리를 처단하라, 세금을 내려라, 농사짓는 자에게 땅을 돌려주라 등의 주장을 펴면 도적은 정의로운 집단으로 인정받게 된다. 지식인과 도적은 서로 격이 다르지만 정의로운 슬로건을 내걸면 지식인들도 도적집단에 들어가게 된다. 도적집단에 들어간 지식인은 軍師로 불리며 전략과 슬로건 설정과 문서사무 등을 담당한다. 지식인이 그런 역할을 해주면 도적도 급이 높아지고 기능화하게 된다. 한나라의 초대황제 유방은 건달 패거리의 도적이었고 명나라 초대황제인 주원장은 걸식하는 무리의 도적이었지만 한나라는 4백 년, 명나라는 3 백 년 가까이 왕조가 지속되었다.

그렇지 못하고 도적이 식량, 돈, 재물, 여자를 약탈하고 권력을 탐하게 되면 그 도적 무리는 중도에 관에 정복당하거나 스스로 자멸하게 된다. 역사적으로 수도까지 공략하여 천하를 차지했던 당나라 말기의 황소나 명나라 말기의 이자성 등이 여기에 해당한다.

도적이 승승장구하여 왕조를 세우게 되면 나라 이름을 짓고 연호를 정하고 문무백관을 임명하고 정부를 조직하게 된다. 모택동이 세운 중화인민공화국은 중국 역사상 한나라, 명나라를 뒤이은 도적왕조다. 중화인민공화국을 세운 중국공산당은 마르크스의 프롤레타리아 계급혁명이 아닌 주원장이나 이자성 등과 마찬가지로 하나의 도적집단이 점점 성장하여 정권을 탈취하게 되었다. 중국인들은 공산당이 국민당에 이긴 것은 정의가 부정의를 이긴 것이고 인민의 편이 인민의 적에 승리한 것이라고 생각한다. 그렇기 때문에 사람들은 공산당의 승리는 역사의 필연적인 진보라고 여긴다. 그러나 실상은 하나의 집단이 기존 권력을 타도하여 새로운 인물이 권력의 자리에 앉은 것에 불과하다. 스탈린은 모택동을 가리켜 '마가린 마르크스주의

자'라고 말했다. 버터인 것 같지만 버터가 아니고 마가린이라는 말이다. 1927년 모택동이 만든 중국공산당은 마르크스주의를 신봉하고 불평불만을 가진 지식인을 이끌며 가난한 농민의 편이라는 것을 표방하는 일대 도적집단이었다.

삼국지 인물평가

삼국지를 읽으면 상도를 터득하고, 삼국지를 배우면 처세를 오득하고, 삼국지를 누리면 인생을 감득한다고 말한다. 삼국지와 삼국지연의에는 수많은 영웅호걸들이 나온다. 소설을 읽는 각자는 이들에 대해 무력과 지력과 인덕의 측면에서 다르게 평가할 것이다. 그리고 저자인 진수와 나관중이 드러내고자 하는 인물의 가치도 다르게 나타난다. 그러나 개인의 호·불호를 떠나 객관적으로 주요 영웅호걸들의 능력을 무력·지력·인덕의 세 가지 측면에서 각각 10점 만점으로 평가하고 종합순위를 매긴다면 다음과 같다. 종합순위 1위의 인물은 유비나 조조, 손권이 아니다. 의외로 조조의 장수로 조운과 용호상박 접전을 벌였고 제갈량의 계략으로 촉의 장수가 되었던 강유였다. 그리고 무력 하나만 보고 평가한다면 여포와 안량이 으뜸이지만 지력과 인덕을 합하면 함량 부족이다. 제갈량은 지력과 인덕이 각각 10점 만점이지만 무력은 최하위이므로 종합순위는 4위다. 조조와 주유는 순위 2위에 든다. 삼국지 최후의 승자인 사마의는 손권과 함께 3

위이고 유비와 관우는 4위에 든다. 장비는 무력이 뛰어나지만 술을 좋아하고 인내심이 부족하여 순위에 들지 못한다. 일반적으로 인물을 평가할 때 우리는 어느 한 측면에서 두각을 나타내는 사람에 대해서 흥미를 가지는 경향이 있다. 그러나 삶을 한 가지만으로 평가할 수는 없다. 종합적으로 인생을 바라보는 것도 의미가 있을 것이다.

[삼국지 인물평가]

인물	삼국지 인물평가	능력치			합계	순위
		무력	지력	인덕		
가후	동탁의 수하였다가 동탁 사후 장수의 참모가 됨. 조조에게 항복하여 묘계를 제안했으며 조비 시대까지 참모로 활약함.	2	9	6	17	
감녕	해적 두목이었다가 유표의 심복이 됨. 손권을 섬겼다가 조홍을 한칼에 벰. 오나라의 대표적인 맹장임.	9	6	5	20	
강유	조조의 장수로 조운과 용호상박 접전. 제갈량의 계략으로 촉의 장수가 됨. 촉 멸망 후 자결.	8	9	8	25	1
곽가	조조의 참모, 여포, 원소와의 싸움에서 많은 헌책을 제안해 공을 세웠으며 조조의 신뢰를 얻은 군사. 관도전투에서 38세로 풍토병으로 세상을 뜸.	2	9	7	18	
관우	유비, 장비와 함께 의형제를 맺고 군사를 일으켰다. 유비를 보필하며 많은 공을 세웠다. 자의식이 강해 형주에서 여몽에게 최후를 맞음.	9	6	7	22	4
노숙	손권의 참모, 적벽대전에서 주유, 제갈량과 함께 활약함.	5	8	8	21	
마초	무예는 장비, 허저와 호각을 다툴 정도로 출중함.	9	4	6	19	
사마의	위의 군사로서 중달이란 별칭을 가짐. 제갈량과 호적수로서 조비, 조예 시대에 위군을 통솔, 촉의 침입을 막아냄. 쿠데타를 일으켜 정권을 장악하고 사마씨 시대를 열었음.	6	9	8	23	3
서서	유비 참모로서 조조를 격파함. 유비의 휘하를 떠나면서 제갈량을 추천함.	6	9	8	23	3
손견	손책, 손권의 아버지. 오나라 기초를 세우고 세력을 규합. 유표와의 전쟁에서 37세에 졸함.	8	6	8	22	4

인물	삼국지 인물평가	능력치			합계	순위
		무력	지력	인덕		
손권	오의 황제가 됨. 촉과 위 사이에서 외교를 통해 중국 남서부를 통치함.	6	8	9	23	3
순욱	원소의 참모였다가 후에 조조를 섬김.	2	9	7	18	
안량	원소의 장수, 관도전투에서 많은 적장을 베고 서황을 쳐부숨. 관우에게 목이 달아남.	10	4	5	19	
여몽	손권의 부하. 무에는 출중했으나 후에 학문을 닦고 견식을 넓혀 노숙을 놀라게 함. 노숙에 이어 도독에 오르자 관우를 격파하고 형주를 함락. 병으로 사망.	7	8	7	22	4
여포	의부 정원을 살해하고 동탁에 의지했다가 동탁도 죽임. 항우의 무용에 버금가지만 부하의 배신으로 조조에게 처형됨.	10	2	3	15	
유비	관우, 장비와 함께 군사를 일으킨 후 제갈량을 얻고 형주, 익주를 기반으로 촉황제가 됨.	6	6	10	22	4
육손	손권 참모, 관우를 깨뜨리고 신임을 얻음. 여몽을 이어 도독이 됨.	5	9	8	22	
장비	술을 좋아하고 인내가 부족하여 잠자는 중 부하에게 살해됨.	9	6	2	17	
전위	조조의 맹장. 괴력을 소유.	9	4	5	18	
전풍	원소참모. 직언하다 투옥. 자결.	2	9	5	16	
제갈량	유비심복이 된 천재군사. 촉군을 통솔해 위와 싸웠지만 사망.	2	10	10	22	4
조운	원소를 섬기다가 공손찬을 섬김. 유비 휘하에서 조조대군과 싸움. 촉의 중심 장수로서 늙을 때까지 활약.	8	6	8	22	4
조조	냉철한 성격소유자로 많은 영웅을 격파. 위의 기초를 쌓았으나 황제에 오르지 못함.	6	9	9	24	2
주유	손권의 도독. 명석했지만 제갈량을 이기지는 못함.	6	9	9	24	2
하후돈	하후연과 함께 조조를 섬김. 여포와의 전투에서 눈알을 잃음.	9	5	7	21	
허저	조조 장수. 여포, 마초와 비기는 맹장.	9	3	4	16	
황충	60세에 관우와 대결. 하후연을 베고 유비에게 충성함.	9	5	6	20	

정도전의 죽음

조선왕조를 건국한 인물은 이성계다. 그러나 조선왕조를 설계하고 500년 역사의 왕조가 이어지도록 초석을 다진 인물은 정도전이다. "한고조가 장자방을 쓴 것이 아니라 장자방이 한고조를 쓴 것이다." 라고 정도전은 입버릇처럼 읊었다. 이는 한고조 유방이 뛰어나서 책사인 장량을 수하에 거느린 것이 아니라 장량이 현명하여 한고조 유방을 선택했다는 것이다. 이는 이성계가 정도전을 발탁한 것이 아니라 정도전이 이성계를 발탁했다는 뜻이다. 정도전은 고려를 무너뜨리고 조선을 건국할 때 이방원과 손잡고 조선건국에 가장 큰 공을 세웠다. 이성계는 신덕왕후 신씨에게 마음이 빼앗겨 그의 두 아들 이방번과 이방석을 세자로 세우려고 했다. 그러나 정도전을 포함한 개국공신들은 이방번이 패악했으므로 반대했고 이방석을 세자로 주청했다.

한편 명나라의 주원장은 조선의 표전문을 읽고서 대노했다. 주원장의 아킬레스건을 건드렸기 때문이다. 주원장은 황제가 되고 난 후 자신이 걸식중 출신이고 도적 신분이었던 자신의 과거를 숨기고 싶었다. 그런데 조선에서 온 외교문서인 표전문에 賊자와 僧자가 들어있는 것을 보고 표전문의 저자 정도전을 입조하라고 명했다. 주원장은 賊자와 僧자가 들어간 문서의 저자를 모조리 죽이는 소위 문자옥을 일으켰다. 정도전은 한 걸음 더 나아가 요동이 조선의 영토라고 주장하며 은밀하게 요동정벌을 계획했다. 정도전이 입조를 거부하자 주원장은 이성계의 아들을 입조시키라고 명령했다. 이때 이방원이 선뜻 나서서 명에 입조하게 되었다. 주원장과 이방원 사이에 어떤 말이 오갔는지는 짐작할 수 있었다. 요동정벌 계획과 표전문 사건으로 주원장을 대노케 한 정도전을 제거하라고 명했을 것이다. 이방원은 세자책봉에서 정도전이 자신을 주청하지 않은 것에 대한 불만도 있던 차에 명나라 황제의 의중을 파악하여 정도전을 죽이고자 하는 계획을 실행에 옮겼다. 결국 정도전은 이방원을 세자로 주청하지 않음으로써 죽임을 당했다.

아인슈타인

아인슈타인은 수학적으로 당대 최고봉이 되지 못했으며 오히려 뛰어난 상상력의 소유자였다. 자신이 상상력으로 그려낸 이론을 수학적으로 뒷받침하는 식으로 연구를 진행했다. 아인슈타인은 상대성이론이 옳다고 인정되면 미국인들은 자신을 코스모폴리탄(Cosmopolitan: 세계시민)이라고 할 것이고 독일인들은 독일인이라고 부를 것이다. 반대로 상대성이론이 부정된다면 미국인들은 그를 독일인이라고 부르고 독일인들은 유대인이라고 할 것이라고 농담을 했다. 그는 대단한 잠재력을 지녔음에도 윗사람들에게 고분고분할 줄 몰라 따돌림을 받았다. 또한 인맥이 변변치 못하고 반유대인 세력의 방해로 그의 이론은 1910년부터 노벨상 추천을 받았지만 정작 수상은 1921

년이었다. 그의 둘째 아들은 정신병자였다. 가까운 사람에게는 평안과 행복을 주지 못했던 아인슈타인은 아무 상관 없는 사람들에게는 더없이 친절하고 헌신적이었다. 어느 날 면도크림을 선물로 받자 면도날과 물로만 면도를 해왔던 그는 이렇게 편리한 게 있었느냐고 감탄했다. 그러나 면도크림이 떨어지자 새것을 사 올 생각은 못 하고 전처럼 물과 면도날만으로 면도를 했다. 그는 상대성이론으로 물리학의 황제가 되었지만 끝끝내 통일장이론은 성취하지 못했다. 그는 죽는 날까지도 통일장이론에 대한 계산에 몰두했다고 한다. 아인슈타인은 통일장이론을 완성하는 데에는 실패했지만, 그가 주장한 "힘의 통합이라는 개념"은 현대 물리학의 근간이 되었다.

한니발

제2차 포에니전쟁(기원전 219~202년) 때 카르타고의 장군 한니발은 로마를 쑥대밭으로 만들었다. 카르타고 군대는 로마군대보다 수적으로 열세임에도 불구하고 전쟁을 유리하게 이끌어갔다. 한니발군대는 정찰대의 오판으로 바다를 등지고 늪지로 들어가게 되었다. 로마장군 파비우스는 내륙으로 나가는 산길을 막고 한니발을 괴멸로 몰아가고 있었다. 한밤중에 한니발은 기발한 작전을 구사했다. 짐을 싣기 위해 데려온 황소의 뿔에 나뭇가지를 묶고 불을 붙여 로마진영으로 황소를 몰았다. 불이 타들어 가자 황소들은 놀라서 날뛰기 시작했다. 칠흑같은 밤중에 온 산이 불이 붙은 듯 광란의 불빛이 전속력으로 로마진영에 달려들고 있었다. 로마군대는 혼비백산 도망치고 말았다.

제갈량의 지략

삼국시대의 전쟁이 한창일 때 촉나라 군대를 이끌던 제갈량은 대군을 멀리 파견하고 자신은 100명의 군사와 함께 작은 마을에서 휴식을 취하고 있었다. 그때 15만에 달하는 사마의 적군이 다가오고 있다는 소식이 들려왔다. 제갈량이 아무리 명장이라도 적군에 생포될 것은 불 보듯 뻔했다. 그러나 제갈량은 운명을 한탄하며 시간을 허비하지 않았다. 그는 곧바로 병사들에게 깃발을 내리고 성문을 열어젖힌 다음 숨어 있으라고 명령했다.

그런 다음 자신은 도복을 입은 채로 성벽 위 가장 눈에 띄는 곳에 앉았다. 제갈량은 향을 피우고 현악기를 연주하며 노래를 부르기 시작했다. 곧이어 적의 군대가 끝없는 행렬을 이루고 몰려왔다. 제갈량은 못 본 채 계속 악기를 연주하며 노래를 불렀다. 곧 적군이 성문 앞에 멈춰 섰다. 적장 사마의는 성벽에 앉은 사람이 제갈량임을 알아챘다. 적의 병사들은 수비도 없이 활짝 열린 성문 안으로 밀고 들어갈 태세였지만 사마의는 더 이상 나아가지 않고 머뭇거리며 제갈량을 살펴보았다. 그런 다음 즉각 회군하라고 명령했다. 사마의는 텅 빈 도시에 왔다가 제 갈량이 성벽에 앉아 노래를 부르는 모습을 보고 혼란에 빠졌다. 도복과 향, 노래, 그리고 성문 개방 등은 분명히 상대를 위압하는 자신감에서 나오는 행위라고 생각했다. 제갈량의 명성을 익히 알고 있던 사마의는 자신의 군대가 절대 우위에 있다는 사실을 망각하고 두려움에 사로잡혔다. 제갈량은 화살 한번 쏘지 않고

[제갈량]

출처: Wikimedia Commons, the free media repository

서 엄청난 규모의 대군을 방어할 수 있었으며 심지어 그들을 후퇴시킬 수 있었다.

중국의 영웅

장쩌민과 후진타오 중국 주석들이 벤치마킹하려던 인물은 진시황도, 한고조 유방도, 원태조 칭기스칸도, 명태조 주원장도 아닌 청나

라의 4대 황제인 강희제(1662~1722 재위)다. 강희제는 "힘으로 지키는 자는 홀로 영웅이 되고, 위엄으로 지키는 자는 한나라를 지킬 수 있지만 덕으로 지키는 자는 천하를 세울 수 있다."라고 말했다. 德勝才, 즉 덕이 재주를 이긴다는 의미다.

강희제는 관대함으로 성공했지만 그 관대함 때문에 관리들의 부패를 초래했다. 후임인 옹정제는 엄격함으로 성공했지만 그 지나친 엄격함이 경직과 공포감을 조성했다. 이들의 치세를 지켜봐 온 옹정제의 아들 건륭제는 강희제의 관대함과 옹정제의 엄맹을 융합한 관엄상제(寬嚴相濟)의 원칙으로 나라를 다스렸다. 마오쩌둥은 강희, 옹정, 건륭이 남긴 지혜에 중국의 미래가 있다고 말했다.

중국은 전통적인 華夷觀, 즉 한족과 오랑캐로 구분하는 이원론을 가지고 있었지만 마오쩌둥은 원, 청과 같은 이민족의 침입과 지배, 융화라는 과정을 통해 중국이 새로이 거듭났음을 인지하였다. 17세기 중반 강희제가 제위에 오르면서 시작된 중국 청나라의 전성기는 그 아들 옹정제를 거쳐 손자 건륭제 대에 이르면 최고의 황금기를 맞게 된다. 강희, 옹정, 건륭 3대 134년에 걸친 이 시기를 흔히 '강건성세(康乾盛世)'라고 부르는데, 손자 건륭제는 조부의 위업을 이어받아 정치, 경제, 군사, 문화 등 국사의 전반에 걸쳐 강력한 국가를 이룩해 냈다. 18세기 서양이 산업혁명과 계몽주의로 급변하는 새 시대를 맞고 있었다면, 중국은 건륭제라는 걸출한 황제에 의해 또 다른 의미의 새 시대를 맞이하고 있었다.

건륭제는 재위 내내 할아버지 강희제를 의식했으며 강희제를 본받기 위해 애썼다. 그것은 강희제가 뛰어난 군주였던 것에도 이유가 있지만, 건륭제 자신이 황제의 자리에 오르는 데 할아버지 강희제의 힘이 컸기 때문이기도 하다. 건륭제는 아버지 옹정제가 왕자였던 시절 뉴호록 씨와의 사이에서 태어난 아이였다. 당시에는 아버지 옹정제에게 제위가 예정되어 있는 것도 아니었고 게다가 어머니 뉴호록 씨의 출신이 미천했던 관계로 건륭제는 황제와는 다소 거리가 있을 수도 있는 아이였다.

그러나 황족의 아이들을 교육시키는 기관에 들어가면서 건륭제는 그 우수한 자질을 유감없이 발휘했다. 그는 학업은 물론이려니와 어

[건륭제]

출처: Wikimedia Commons, the free media repository

린 나이에도 불구하고 사냥에 나가 태연하게 곰을 잡는다던가, 부모에 대한 존경과 효심을 잊어버리지 않아 아침저녁으로 예를 다한다던가 하여 무예와 성품 면에서도 남다른 모습을 보였다. 이를 눈여겨본 것이 그의 할아버지 강희제였다. 강희제는 건륭제의 황제로서의 자질을 알아보고 어렸을 때부터 제왕학을 교육하였고 어떨 때는 강희제 자신이 직접 나서 건륭제를 가르치기도 하였다. 그리고 강희제는 아들 옹정제에게 다음 황제는 반드시 건륭제가 되어야 한다는 유언을 남겼다고 한다. 건륭제의 아버지 옹정제 또한 건륭제의 자질을 아끼고 북돋았다. 옹정제의 다섯째 아들인 건륭제를 귀히 여기고 그를 직접 교육하였으며 때로 쉬운 국정을 맡겨 처리하게 했다. 그러나 결코 옹정제는 건륭제에게 다음 황위를 약속하지 않았고 공식화하지도 않았다.

청나라는 장자가 황위를 세습하던 이전의 나라들과는 달리 황자들 중 뛰어난 자가 황제의 자리에 오르도록 하는 무한 경쟁을 원칙으로 하고 있었다. 황태자를 미리 정하지 않고 끝까지 지켜보다가 가장 뛰어난 자에게 황위를 물려주는 것으로 통치체제를 강건히 하여 소수민족인 만주족이 드넓은 중국 본토를 빈틈없이 다스릴 수 있도록 한 것이다. 옹정제는 건륭제가 지닌 황제의 자질을 알았지만 끝까지 그를 황태자로 봉하지는 않았다. 대신 다음 제위를 이을 황자의 이름을 써서 상자에 넣어 봉한 후 '정대광명(正大光明)'이라고 쓴 현판 뒤에 숨겨 두었다. 그리고 옹정제 자신이 사망한 후 이를 열어보도록 하였다. 이것을 '태자밀건법'이라고 한다. 당시 다른 경쟁자에 비해 독보적이었던 건륭제가 다음 황위를 이어받으리라는 것은 누구나 예상하고 있었지만 그럼에도 불구하고 그를 공식적으로 황태자로 만들지 않았던 것은 마지막까지 긴장의 끈을 늦추지 않고 최선을 다하게 하려는 옹정제의 깊은 뜻 때문이었다. 옹정제 사후 열어본 상자 속에서는 그동안 황제로서 교육받은 건륭제의 이름이 당연한 듯이 나왔고 25세의 나이에 건륭제는 청나라의 6번째 황제로 등극하였다.

어렸을 때부터 철저히 제왕학을 교육받고 여타 경쟁자에 비해 독보적으로 우수한 자질을 갖춘 데다가 선대로부터 강력한 뒷받침을 받은 탓에 건륭제의 치세는 출발부터 매우 안정적이었다. 건륭제는 키가 크고 자세가 바르며 단정하고 청빈한 생활습관, 강건한 체력과 활달한 성격, 학문과 예술을 사랑하는 취향 등 이상적인 모습을 갖춘 군주였다.

그의 이러한 바람직한 모습은 신하와 백성들을 감화시켰고 비록 이민족인 만주족 지배자이기는 하나 피지배층이었던 한족 일반 백성들에게 가장 많은 사랑을 받기도 했다. 역대 청조의 황제들 중 건륭제는 그 치세가 긴 탓도 있었지만 그에 대한 애정과 인기로 인해 민간에 퍼진 무수한 에피소드와 설화의 주인공이 되기도 하였다.

그중 그가 젊은 시절 위구르를 정복하고 약탈해온 후궁 향비의 이야기가 유명하다. 건륭제가 향비를 강제로 범하지 않고 그 마음을 얻기 위해 백방으로 수고를 아끼지 않았으나 결국 그 짝사랑은 향비의 자결로 비극적 결말을 맞았다는 이야기가 민간에 전해져 내려오고 있는 것이다. 이 이야기에서 건륭제는 무지막지한 오랑캐 군주가 아니라 여성의 마음을 얻기 위해 노력하는 인간성 좋고 멋진 남성으로 그려져 있어 당시 건륭제에 대한 민간의 인기를 가늠하게 한다. 이렇듯 민간에서부터 통치계급에까지 황제의 입지를 굳힌 건륭제는 우선 내치에 힘을 쓰기 시작하였다. 그는 아버지 옹정제가 쓰던 한족에 대한 가혹한 정책을 완화시켜 한족과 만주족의 융합을 도모하였다. 황족의 정치 개입을 막아 왕권을 강화하였으며, 지방제도를 고치고 정확한 인구조사를 통해 세수를 확보했다. 당시 중국은 농법의 개발과 이에 따른 생산량의 증가, 경작지의 증대 등으로 인구가 급증하였고 이에 대한 정확한 조사를 통한 세원의 확보는 국가 재정과 군사력을 튼튼하게 하였다. 확보된 재력과 군사력을 바탕으로 건륭제는 30대 후반부터 국외로 정복 사업을 시작하였다. 몽골, 대만, 베트남, 버마, 네팔 등을 정복하고 외몽골과 위구르족에 대해서도 지배력을 행사하며 조공을 받아냈다. 이로써 건륭제는 청나라의 영토를 160만 km²까지 늘려 중국 역사상 원나라 이후 가장 큰 영토를 가진 제국의 통치자가 되었다. 이때 확장한 중국의 국경이 결국 오늘날까지도 이어지고 있다. 건륭제의 정복 사업은 이전의 만주족 중심이 아니라 한족들을 함께 참가시켰다는 데 의의를 가진다. 한족과 만주족이 청나라의 깃발 아래 함께 영토를 확장함으로써 두 민족 간 융합이 자연스럽게 이루어진 것이다.

　건륭제는 자신이 나간 10번의 원정에서 모두 승리한 것을 매우 자랑스럽게 여겼으며 스스로 이를 '十全武功'이라고 일컫고 본인을 10번의 원정에서 모두 이긴 '십전노인'으로 불리기를 원했다. 또한 원정을 통해 얻은 전리품을 전시해놓고 자랑하기를 즐겼다. 또한 그는 할아버지 강희제와 마찬가지로 자신이 다스리는 영토를 둘러보는 것을 매우 즐겼다. 순행은 황제가 전국을 돌면서 그 위엄과 권위를 보이고 지방 백성의 생활을 살펴볼 수 있는 기회였다.

건륭제는 한족들이 주로 사는 강남 순행, 즉 남순을 6회, 서쪽의 사천성 등을 돌아보는 서순을 4회, 산동성, 호북성 등으로 동순을 5회 진행하면서 수도 북경과 지방 간의 교류를 꾀하였다. 이 순행들은 황제가 움직이는 만큼 큰 비용이 들어 황실 재정고갈에 한몫을 하긴 했지만, 넓은 중국 영토 내에서 지방과 중앙 간의 정치, 학문, 예술의 교류가 가능했다는 점에서 큰 의의를 가진다.

건륭제는 열심히 공부하는 학구파였으며 그다지 뛰어난 수준은 아니었다고는 하나 시, 서, 화(詩, 書, 畵)를 즐기는 풍류객이었다. 그의 이러한 성향으로 건륭제는 치세 당시 학문을 부흥시키고 예술을 장려하였다. 그는 학자와 예술가를 우대하였으며 그들과 토론하고 예술을 즐기는 것을 좋아했다고 한다. 전국 각지의 책을 모아 경(經)·사(史)·자(子)·집(集)의 4부로 분류하여 『사고전서』를 편찬하였다. 『사고전서』는 명나라 영락제 때 만들어진 영락대전을 본떠 만든 것으로써 영락대전보다 그 분량이 3배가 넘었다. 이 사업은 시작한 지 12년이 걸렸으며 수록된 책은 3,458종, 7만 9,582권이며, 참여한 학자는 3,800여 명에 이르렀다. 이 『사고전서』는 당대의 서적을 국가에서 모두 모아 정리했다는 데 큰 의의가 있지만, 한편으로는 문자의 옥을 일으키는 계기가 되었다. 즉 건륭제는 만주족에 반대하는 한족의 글이나 책을 이를 계기로 모두 소각하거나 판목을 부수는 등 금서로 만들었다. 한편 건륭제는 건축에도 관심이 많아 궁궐을 증축하거나 새로 짓고 도로와 운하를 건설하였다. 특히 서양의 건축술을 도입하여 후원인 원명원을 서양 선교사들에게 명하여 서양식으로 짓도록 하기도 하였다. 건륭제는 서양 선교사들을 호의로 대하며 우대하였고 선교 활동을 보장해주었지만 그 종교에는 관심이 없고 다만 서양의 과학과 예술만을 선택하여 취하려고 하였다. 건륭제 치세에 중국에 와있던 선교사들의 노력 등으로 중국은 서방 세계에 본격적으로 알려지게 되었고 항해술의 발달과 산업혁명 등으로 서양으로부터 무역요구가 증대되자 이를 일부 수용해주기도 하였다. 그 결과 중국의 면, 칠기, 도자기, 비단 등이 세계에 수출되었고 이에 따라 국가 재정이 늘고 백성들의 삶은 윤택해졌다. 이러한 무역을 통해 중국은 많은 은을 확보하게 되었는데 1780년(건륭 45년)에는 450,000kg의 은이 청조의 국고에 들어왔다.

엘리자베스와 메리스튜어트

자신을 방문한 스코틀랜드 대사에게 31세의 엘리자베스 1세는 "나와 당신 나라의 여왕 메리스튜어트 중 누가 더 예쁜가?"라고 질문했다. 난처해진 대사는 둘 다 미인이라고 대답했다. 그러나 엘리자베스 1세는 끈질기게 우열을 물었다. 대사는 "폐하는 잉글랜드에서 제일이고 저희 여왕은 스코틀랜드에서 제일이다."라고 대답했다. 그것으로 끝나지 않고 키, 옷, 보석, 춤 솜씨, 악기 연주, 외국어 실력 등등 질리도록 질문공세를 이어갔다. 엘리자베스가 메리스튜어트 여왕을 얼마나 경쟁자로 인식하는지를 보여준다. 메리스튜어트의 미모는 유럽에서 정평이 나 있었다. 프로테스탄트 세력이 강한 스코틀랜드에서 가톨릭교도인 메리스튜어트를 왕좌에 앉혀 놓고도 평온한 것은 그녀의 아름다움 때문이었다. 메리스튜어트는 태어나자마자 불행하게도 아버지 스코틀랜드왕이 죽게 되었고 그녀는 스코틀랜드의 여왕이 되었다. 메리스튜어트는 프랑스 앙리 2세의 장남 프랑수아 2세의 약혼자가 되어 스코틀랜드의 여왕 자리를 유지하면서 프랑스 왕비가 되었다. 프랑스로서는 메리스튜어트를 손에 넣은 것은 스코틀랜드를 손에 넣은 것이고 숙적 잉글랜드를 협공할 수 있게 된 것이었다. 그러나 엘리자베스 1세가 왕위에 오른 지 2년 뒤 메리스튜어트는 남편의 죽음으로 프랑스 왕비 자리를 잃게 되었다. 그 후 세 번 결혼하게 된 메리스튜어트는 성난 스코틀랜드 군중에게 내몰려 도망자 신세가 되었다. 영국으로 망명하여 엘리자베스에게로 가게 되었다. 잉글랜드의 가톨릭 귀족들이 메리스튜어트를 환영하고 엘리자베스를 폐위시킨 후 메리스튜어트를 옹립하려고 반역을 꾀했다. 반역죄가 탄로 나 메리스튜어트는 시골 성에 유폐되었다. 결국 메리스튜어트는 참수형으로 생을 마감했다.

메리스튜어트(1542~1587)의 비참한 종말은 후세가 그녀를 기억할 때 연민과 동정을 불러일으키게 한다. 단두대에서 맞이한 죽음은 프리드리히실러가 쓴 희곡 〈메리스튜어트〉로 화려하게 부활했다. 작가의 언어는 역사적 사실과 다른 진실을 전달할 수도 있다. 어떤 사건이 지식을 통한 인식이나 실천적 평가나 정치적 판단에 등장할 때는 작가가 역사가에게 양보해야 한다. 그러나 쇼펜하우어는 말한다. "인간을 온갖 현상과 발전을 통한 불변의 존재로서 내적인 본질과 이념에 따라 인식하고자 하는 사람에게는 역사가보다 위대한 작가들의 작품이 훨씬 충실하고 분명한 표상을 제공한다." 영국인의 정치 정서를 알고자 한다면 셰익스피어의 작품들을 읽어야 하고 스코틀랜드와 영국 그리고 프랑스 간의 정치상황을 제대로 파악하기 위해서는 프리드리히실러의 역사극 메리스튜어트를 감상해야 한다. 괴테는 "역사가와 작가 중 누가 더 우월하냐는 질문을 던져서는 안 된다. 그들은 서로 경쟁하는 것이 아니다. 그들은 육상선수도 아니고 권투선수도 아니다. 그들은 각자 자신들의 왕관을 가질 자격이 있다."라고 말했다.

스코틀랜드 여왕 메리 스튜어트가 잉글랜드의 엘리자베스 여왕에 대한 모반을 계획했다는 죄명으로 구금되어 엄중한 감시를 받았다. 한편 엘리자베스 여왕은 메리에게 내려진 사형을 집행할지를 두고 고심한다. 신료들은 강경파와 온건파로 나뉘어 메리 사형 집행을 놓고 설전을 벌인다. 엘리자베스는 잉글랜드와 스코틀랜드의 왕녀로서 정통성을 인정받는 메리를 처형하는 데 부담을 느꼈다. 메리가 감금되어 있는 감옥의 책임자에게 메리를 조용히 살해해 달라고 제의했지만 엄격한 청교도였던 책임자는 이를 거절한다.

[엘리자베스와 메리스튜어트]

메리가 감금되어 있는 성의 공원에서 두 여왕의 마지막 면담이 이루어졌지만 화해하지 못했다. 메리는 오만한 태도로 일관하는 엘리자베스를 향해 분노를 터뜨리며 엘리자베스를 사생아라고 폄하했다. 백성들은 여왕에 대한 공격이 메리 때문이라고 여겨 그녀의 처형을 촉구하는 집회를 연다. 일련의 사건들이 발단이 되어 엘리자베스는 드디어 메리에 대한 사형 집행 명령에 서명하게 된다. 메리는 수행원들과 작별 인사를 나눈 뒤 의연하게 단두대로 향한다. 그녀와 가까웠던 사람들과 애절하지만 결연한 태도로 작별을 나누고 단두대에 올랐고 삼베로 눈을 가렸다. 메리는 구세주 예수그리스도와 로마 가톨릭교회에 대한 신앙고백을 했다. 그녀는 큰소리로 시편 77장

을 읊는 기도를 올렸다. 형리 한 명이 그녀의 손을 붙잡아 매고 또 다른 형리가 그녀의 목을 두 번 쳤다. 머리는 몸에서 떨어져 나가 땅바닥에 나뒹굴었다. 가발이 머리로부터 분리되었다. 운명과 삶으로부터 굴욕당한 그 가련한 여인의 머리는 짧은 백발의 머리였다. 스코틀랜드 여왕이자 프랑스 왕비였으며 프랑스, 스코틀랜드, 잉글랜드의 왕위계승권을 주장했던 그녀는 그렇게 죽음을 맞이했다. 6개월간 그녀의 주검은 방치되었다가 피터버러 성당에 안치되었다. 메리의 처형 후 엘리자베스가 보인 행동은 다소 희극적이었다. 자신이 메리의 사형집행 영장에 서명하고 국왕의 옥쇄를 찍었음에도 불구하고 사형집행 명령을 내린 자들에게 책임을 추궁하고 구금과 벌금형을 내렸다. 이는 자신의 책임을 피하려는 술책이었다. 메리의 죽음으로부터 1년 후 잉글랜드는 최강의 해군력을 보유한 스페인을 무너뜨렸다. 잉글랜드는 바다를 지배하고 수많은 식민지를 거느리게 된다. 그녀의 왕국에는 모든 시대를 통틀어 가장 천재적인 극작가 셰익스피어가 등장하여 그녀에게 영광을 돌렸다.

1603년 엘리자베스 1세는 세상을 떠나면서 메리스튜어트의 아들인 스코틀랜드의 제임스에게 왕국을 물려준다. 엘리자베스여왕의 죽음으로 잉글랜드의 휘황찬란한 르네상스 시대는 종말을 고하고 검소하고 엄격한 청교도 시대의 막이 열린다. 메리의 주검은 아들 제임스에 의해 웨스트민스터 사원으로 옮기게 되었고 생전에 화해할 수 없었던 두 여왕은 같은 탑 아래 영원한 휴식을 취하고 있다.

이자성

  중국고금을 통해서 도적에 대한 인기투표를 한다면 1위는 단연코 명왕조를 무너뜨리고 제위에 오른 이자성일 것이다. 그는 일개 역졸에서 대도적 집단의 수령이 되고 불과 40일 천하로 생을 마감했다. 만주족의 청의 공격을 받고 북경에서 도망쳐 40의 나이로 생을 마감한 것이다. 이자성의 반란군이 쳐들어오자 명나라의 장군 오삼계는 이자성에게 항복했다가 이자성의 장수 유종민이 자신의 애첩을 가로채자 마음을 돌이켜 청에 항복함으로써 청과 손잡은 명이 반란군 이자성을 공격했다. 이자성이 북경을 잃자 명의 숭정황제가 목을 매고 명나라는 무너졌다. 만일 오삼계가 이자성에 투항했다면 오랑캐 청이 명을 넘보지 못했을 것이고 중화민국의 자존심은 유지되었을 것이다. 명 말기에 누르하치라는 영웅이 나타나 동족을 통일하고 명에 대들어 후금을 세웠다. 그의 여덟 번째 아들 홍타이지는 친부 이상의 영웅으로 수차례 명을 공격했다. 이자성이 청에 졌다는 사실은 단순히 이자성 개인이 진 것에 그치지 않고 한족 중국인이 오랑캐 만주족에게 져서 이후 2백 수십 년 동안 굴욕의 이민족 지배를 감수할 수밖에 없었다는 역사적 진실을 말해준다. 이자성은 강했지만 졌기 때문에 인기가 높다. 강한데 이기면 황제가 된다. 명나라를 세운 주원장과 한나라의 유방이 그들이다. 중국은 농민반란에 의해 한나라가 멸망하고 새로운 제국으로 바뀌는 경우가 많다. 그러나 우리나라는 그렇지 못하다. 홍경래의 난, 이인좌의 난, 전봉준의 동학혁명 등이 다 실패했다.

　원나라 말기의 주원장과 명나라 말기의 이자성을 비교할 때 왜 주원장은 성공하고 이자성은 실패했는가? 주원장은 지식인을 주변에 포진시켰지만 이자성은 그렇지 못했다.

소크라테스

　기원전 5세기의 철인은 아테네의 소크라테스(BC 469~399)다. 그는 단지 아는 것이 없다는 이유로 책을 쓰지 않았고 가르치는 것 또한 적절치 않다고 느꼈다. 소크라테스는 가르치지 않았고 토론을 벌였다. 토론의 주제는 선, 악, 진리, 정의, 덕, 종교 등 모든 것을 망라했다. 그 가운데 마지막 주제인 종교 때문에 결국 몰락했다. 기원전 399년 소크라테스는 국가가 인정하지 않은 邪敎(사교)를 도입한 죄와 아내 크산티페와 두 아들이 있음에도 소년들을 취한 죄로 고발당했다. 즉 '신성 모독죄'와 '젊은 세대들을 타락시킨 죄'의 두 가지 죄목으로 소크라테스는 501명의 시민으로 구성된 배심단원에 의해 유죄가 인정되어 사형을 언도받았다. 친구들이 간수를 매수하여 감옥에서 빼내려고 하자 소크라테스는 도덕적 이유로 그것을 거부했다. 한 달 뒤 공개적으로 독배를 마시고 처형되었다. 소크라테스에게 불후의 명성을 안겨준 플라톤은 28세 나이에 소크라테스의 재판에 참관했다. 플라톤은 소크라테스와 달리 책을 많이 썼다. 저작의 대부분은 소크라테스가 주요 등장인물로 나오는 대화체의 희곡 형식이었다. 플라톤의 수제자인 아리스토텔레스는 기원전 342년 마케도니아 필리포스 2세의 14세 된 아들 알렉산드로스의 개인교사 노릇을 2년간 했다. 그는 윤리학, 역사학, 과학, 정치학, 문학, 자연, 기상학, 동물학에 이르기까지 주제를 가리지 않는 박학다식한 인물이었다.

처칠

루스벨트의 부인 엘리너는 "남편에게 정치는 체스게임과 같았다. 온갖 지혜를 다 짜내서 누군가를 이겨야 하는 것이었다."라고 회고했다. 처칠은 1917년 군수장관 시절 "전쟁에서 이기는 길은 A자로 시작되는 두 길밖에 없다. 그것은 비행기(Aeroplanes)와 미국(American)이다."라고 말했다. 두 사람은 모두 전쟁에 관한 한 천재성을 가지고 있으면서도 평화주의자였다. 처칠은 "우리 모두는 벌레와 같은 존재다. 그러나 나는 내가 반딧불이라고 생각한다."라고 말했다.

처칠은 히틀러를 이기고 2차대전을 승리로 이끈 영웅이었지만 선거에서 패배했다. 처칠은 민주주의는 배신한다고 일갈했다.

처칠은 지식에 대한 욕구가 강했고 엄청난 독서력을 가지고 닥치는 대로 책을 읽었다. 이러한 마구잡이 독서를 통해 강력하고 명료하며 아이러니와 위트가 넘치는 언어를 구사했다. 그는 천성적으로 아집과 자부심이 강하고 성격이 급했다. 수용력, 사고력, 기억력이 뛰어났다. 65세가 되었을 때 처칠은 젊은 인재들에게 뒤처지지 않기 위해 나름대로의 생활습관을 가지고 있었다. 언제나 오후에 최소한 한 시간은 침대에 들어가 숙면을 취했다. 그 덕분에 새벽 2시가 넘도록 일하고도 아침 8시에 일을 시작할 수 있었다. 프랑스 작가 알베르 코앙은 그에 대해 "예언자처럼 노련하고 정령처럼 아름다우며, 청년처럼 심각한 인물"이라고 평했다. 정령은 육체에서 해방된 자유로운 존재를 말한다. 테헤란회담을 앞두고 루스벨트는 처칠에게 회담장소가 적에게 노출되었으니 장소를 하르툼으로 바꾸자고 제의했다.

[테헤란회담]

출처: Wikimedia Commons, the free media repository

처칠은 하나님이 지켜주시니 그대로 하자고 답신했다. 요한복음 14:1-4의 말씀을 인용했다. "너희는 마음에 근심하지 말라 하나님을 믿으니 또 나를 믿으라. (…) 내가 너희를 위해 거처를 예비하러 가노니…" 결국 처칠의 주장대로 안전한 회담이 되었다. 처칠은 어느 누구와도 원한 관계를 맺지 않았다. 그는 오늘이라는 회계장부의 내용을 내일이라는 계정에 옮겨 적는 법이 없었다. 치열하게 논쟁을 벌이다가도 그 이튿날은 인자한 미소를 띠고 있었다.

이성량과 누르하치

이성량의 선조는 명나라 초기에 조선에서 귀의해 왔다. 이성량은 요동을 22년간 지키면서 탁월한 전공을 세웠다. 동북지역의 몽고와 여진에게 큰 타격을 가했고 영락제 이후 유례없는 큰 전과를 거두었고 위세를 떨쳤다. 명사초략을 보면 천하의 장수 이성량과 그 아들 이여송을 인걸로 묘사하고 있다. 이성량은 많은 전공을 세워 영원백공(寧遠伯公) 작위를 받았다. 자식들에게도 관직과 작위가 수여되어 일족의 영화를 누렸다. 이성량의 아들들도 명나라의 장수로 활약했는데, 맏아들 이여송은 임진왜란 때 명군(明軍)을 이끌고 조선으로 출병했다. 당시 사람들에게 '이씨 가문의 호랑이 같은 아홉 장수'라고 불렀다. 이여송이 명나라의 제독 신분으로 조선에 파병 나갈 때 아버지 이성량은 "조선은 우리의 조상이 살던 곳이다. 너는 잘 헤아리고 해를 끼치지 말라."라고 당부했다. 이성량은 전쟁 중 길 안내를 하던 부자를 실수로 죽였는데 그들이 누르하치의 조부와 부친이다. 이성량은 당시 15세인 누르하치에게 미안한 마음이 있어서 그를 거두어 길렀다. 누르하치에게 이성량은 조부와 부친을 죽인 원수다. 이성량이 잠들었을 때 누루하치는 보검을 뽑아 들고 잠든 이성량 복부를 겨냥했다. 기합과 함께 세 차례 찌르는 시늉을 한 뒤에 보검을 내려놓았다. 기합소리에 놀란 이성량이 눈을 뜨고 물었다. 왜 그랬느냐고 묻자 누르하치는 "제가 어찌 부형의 원수를 잊을 수 있겠으며, 또 어찌 거두어 길러 주신 은혜를 잊을 수 있겠습니까? 보검을 겨눈 것은 원수를 갚았음이요, 보검을 거둔 것은 은혜에 보답함입니다."라고 말했다. 청나라 왕조를 반석 위에 올려놓은 만주족 출신의 황제 누루하치(1559~1626)는 만주어와 한어(漢語)에 능통했고, 명나라 때 나관중의 『삼국지연의』를 즐겨 읽었다. 누루하치는 1616년부터 1626년까지 11년 동안 재위하면서 후금을 건국하는 등 청나라의 기틀을 다지는 데 큰 공을 세웠다. 그는 요동지역에서 몽고와 여진의 방위를 총괄하던 이성량의 부하로 여러 차례 전공을 세워 두각을 나타냈다. 이성량이 죽은 후 1618년, 누르하치는 여진을 통일하고 명나라에 전쟁을 선포했다.

트로츠키와 스탈린

러시아는 1차 세계대전 때 영국, 프랑스, 일본과 함께 연합국이었다. 당시 제정러시아는 독일과의 격전으로 몹시 쇠약해졌는데 전쟁 와중인 1917년 11월에 볼셰비키(다수당) 혁명이 일어났다. 이 혁명을 레온 트로츠키와 함께 추진한 사람이 레닌이었다. 블라디미르 레닌은 "역사는 數다."라고 말했다. 이 말의 의미는 역사는 수천 명이 아니라 수백만 명이 있는 곳, 즉 그곳이 진정한 정치가 시작되는 곳이란 의미다. 정치는 수천 명이 호소한다고 해도 움직이지 않는다. 역사의 틀을 바꾸기 위해서는 수백만 정도는 돼야 비로소 움직인다는 것이다. 20세기 전반기의 대국 중 '진정한 정치', '대중의 정치'가 없다고 단언할 수 있는 나라는 러시아가 유일했다. 영국, 미국, 프랑스, 독일은 물론 입헌제 도입이 가장 늦었던 일본에서도 19세기 말에는 헌법 의회제도가 도입되었다. 제정러시아가 무너지고 세계 최초의 사회주의 국가인 소비에트연방이 성립한 것은 1922년이었다. 레닌이 주장한 '역사는 수'라는 말은 전쟁희생자가 압도적으로 많을 때 그 수의 충격이 전후 러시아 사회를 결정적으로 바꾸어 버린 것이다. 제1차대전 때 동부전선에서 러시아는 독일에 패해 엄청난 수의 사상자를 냈다. 이때 제정러시아가 붕괴되고 사회주의 국가가 탄생하게 된 것이다. 1917년 러시아에서 일어난 공산혁명을 일으킨 사람 가운데 대다수는 유대계 러시아인이었고 이들을 볼셰비키라고 불렀다. 이들은 1789년 프랑스혁명이 나폴레옹이라는 전쟁의 천재이며 군사적 카리스마를 가진 인물의 등장으로 크게 변질되었다고 여겼다. 그 결과 유럽이 오랫동안 전쟁상태에 있었다고 생각했다. 볼세비키는 이러한 역사의 교훈을 타산지석으로 삼아 레닌의 후계를 신중하게 선택했다. 레닌 사후 나폴레옹 같은 전쟁의 천재를 후계자로 선택하면 프랑스혁명의 종말이 그랬던 것처럼 볼세비키혁명이 변질될 것을 우려했다. 그 결과 제2의 나폴레옹으로 불리는 군사적 카리스마를 지닌 트로츠키가 아니라 국내 지배를 공고히 할 만한 사람, 즉 스탈린을 후계자로 선택했다.

[스탈린·트로츠키·레닌]

출처: Wikimedia Commons, the free media repository

러시아 혁명사에서 트로츠키의 기여는 눈부셨다. 유대인인 트로츠키는 제정러시아를 비판하는 사회주의 노동자 연맹의 지도자로 활약하다가 시베리아로 유배 가게 된다. 시베리아에서 탈출해 러시아혁명의 주역들과 어깨를 나란히 하게 된 트로츠키는 파탄 난 제정

러시아의 임시정부를 타도하고 러시아혁명을 성공시켰다. 1919년 코민테른 집행위원이 되어 붉은 군대를 이끌고 반혁명군과 싸워 승리를 거두고 모스크바로 위풍당당하게 개선했다. 프랑스혁명의 결실을 무력으로 빼앗아 황제가 된 나폴레옹처럼 트로츠키도 쿠데타로 소비에트정부를 뒤엎고 군사독재자의 길을 갈 수 있는 인물로 부각되었다. 그는 첫째가는 이론가였으며 행정능력까지 발군의 천재였다. 그러나 단점은 재승박덕이랄까 교만한 이미지와 유대인이라는 족쇄를 가졌다. 트로츠키에 대한 불신의 불꽃을 지피는 자가 있었는데 스탈린이었다. 트로츠키는 사회주의 체제는 세계가 자본주의에 머무르는 한 오래 버틸 수 없다고 주장하면서 연속혁명론을 내세웠다. 그래서 유럽을 비롯한 세계 전체적으로 사회주의 혁명의 불길이 퍼져나가야 한다고 주장했다. 반면 스탈린은 러시아가 사회주의 체제로 충분히 지속될 수 있으며 세계혁명은 먼저 소련을 사회주의체제로 안정시킨 다음의 과제라고 주장했다. 따라서 스탈린은 일국사회주의론을 내세웠다. 레닌은 스탈린을 불신해 트로츠키와 동맹을 맺고 스탈린을 축출하려고 시도했다. 그러나 스탈린은 제1차 세계대전에서도, 그 후의 반혁명 세력과의 내전에서도 군사적 리더십을 전혀 보이지 못했다. 반면 트로츠키는 내전에서 크게 활약했고 1차 세계대전 때는 적국 독일과 단독 강화를 성사시킨 영웅이었다. 그 결과 1차 세계대전에서 러시아가 빠져나올 수 있었고 러시아혁명도 성공할 수 있었다. 레닌이 1924년 사망하자 트로츠키는 딱한 신세가 되었다. 스탈린은 레닌을 신격화하면서 자신을 레닌의 충실한 추종자로 부각하고 트로츠키를 공격하기 시작했다. 결국 우유부단한 트로츠키는 요직에서 해임되고 국외로 추방되었다. 스탈린은 트로츠키의 자녀들을 모두 살해하고 멕시코로 망명한 트로츠키를 암살했다. 만일 트로츠키가 레닌의 후계자가 되어 러시아를 지배했다면 러시아는 유럽형 사회주의를 지향하여 세계 강국의 모습을 유지했을지도 모를 일이다.

벤저민 프랭클린

벤저민 프랭클린은 13가지 덕목을 정하고 일주일에 한 가지씩 습관처럼 몸에 익혀나갔다. 예를 들어 절제라는 덕목을 통해 냉철한 이성과 경각심을 익히고 묵은 습관을 반복하는 실수를 저지르거나 유혹을 이겨내려고 노력했다. 한 번에 전부를 얻으려고 하지 않고 하루에 한 덕목씩 습득한 후 다음 덕목으로 나아갔다. 첫 주는 7일간 절제만 시행한다. 그다음 주는 침묵…. 이런 순서로 13주를 행한다. 그런 다음 13개 덕목을 일주일간 종합적으로 시행했다. 7일간 13개 덕목 가운데 지키지 못한 것이 있으면 그 요일에 표시해둔다. 1년 동안 4번 반복할 수 있었다.

	일	월	화	수	목	금	토
절제							
침묵	·			·		·	
규율		·			·		·
결단							
절약							
근면				·			
정직							
정의							
중용		·					
청결						·	
평정	·			·			
순결							·
겸손				·			

　벤저민 프랭클린은 미국의 정치인이다. 일명 건국의 아버지들(The Founding Fathers) 중 한 명으로 불린다. 인쇄공으로 시작해 외교관, 과학자, 발명가, 언론인, 사회 활동가, 정치 철학자, 사업가, 독립운동가, 스파이 등 온갖 직업들을 다 겸해, '보잘것없는 집안에 태어나 자수성가한 미국인(Rise From Humble Beginnings)'의 원조 격이 되는 사람이다. 프랭클린은 교육을 제대로 받지 못했지만 외국어, 문학, 신학, 자연과학, 경제학을 독학으로 마쳤다.

[100달러와 벤저민 프랭클린]

비록 대통령을 지내진 못했지만, 미국에서 지금도 대통령급 이상
으로 인지도가 있는 인물이며 미국 달러화 중 100달러에 도안으로
채택된 인물이기도 하다. 10달러의 알렉산더 해밀턴(미국 초대 재무장
관)과 함께 달러화 도안 인물 중 단 둘뿐인 대통령이 아닌 위인이다.
그래서인지 미국인들은 벤저민 프랭클린이 대통령 출신이라고 오해
하는 경우도 많다.[16]

나폴레옹의 천재성

칼라일은 "나폴레옹에게는 보기 위한 눈이 하나 더 있다."라고 말
했다. 보통 사람들이 외적 형식이나 사건만을 지각하는 데 반해 그
는 사물의 본질을 꿰뚫어 보았다. 천재는 자신의 과제가 갖고 있는
모든 맥락을 세부적이고 전체적으로 꿰뚫어 보는 명철한 직관자로

등장한다. 천재는 자신의 과제를 해결하는 데 필요한 시각을 보유한 직관자가 된다. 이러한 직관은 세계를 변화시키고 새로운 질서를 만드는 마법이다. 그는 보통 사람이 따를 수 없는 자신만의 법칙 아래 살면서 모든 특징들을 통일시킨다. 그러나 나폴레옹은 전쟁 영웅에서 황제가 됨으로써 속물로 전락했다. 베토벤이 교향곡 3번 영웅을 지어 헌사하려다가 황제로 등극하자 속물로 호칭했다.

[나폴레옹 황제 즉위식]

출처: Wikimedia Commons, the free media repository

나폴레옹은 1789년부터 1804년까지 프랑스혁명의 위대한 지도자였다. 자유와 평등과 박애의 전도사로 자처하며 유럽 왕실을 지키려고 맞선 오스트리아, 이탈리아, 프랑스, 러시아를 공격했다. 그런 그가 1804년 황제에 즉위하려고 샤를마뉴 대제처럼 교황 피우스 7세를 프랑스로 초청하여 대관식을 올렸다. 한때 혁명 지도자였던 나폴레옹이 황제로 즉위함으로써 그는 더 이상 피지배층의 수호자가 될 수 없었다. 그는 압제자의 우두머리로 황제의 뜻을 거역하는 자를 처형하기 위해 군대를 대기시켰다. 나폴레옹의 군대가 스페인을 침략하여 국왕을 인정하지 않는 무고한 스페인 백성들을 학살하자 유럽의 여론은 수백 차례 혁명전쟁에서 빛나는 업적을 이룬 이 영웅에게 등을 돌렸다.

나폴레옹은 워털루에서 웰링턴에게 패하고 황제에서 물러나 엘바섬에 유배되었다. 나폴레옹은 2번 유배되었는데 엘바섬과 세인트헬레나섬이었다. 1814년 엘바섬으로 유배되었다가 탈출하여 권력을 되찾았지만 다시 전쟁에 패하여 세인트헬레나섬에 유배되었다. 엘바섬은 이탈리아반도에서 10km 떨어진 지중해에 위치하고 있다. 12,000명의 농민이 거주했던 엘바섬은 해안에서 가까운 곳에 위치하여 쉽게 탈출이 가능했다. 세인트헬레나섬은 아프리카와 남아메리카 사이에 위치한 섬이다. 아프리카로부터 2,000km나 떨어져 있다. 세인트헬레나 섬에 유배된 나폴레옹은 '나의 사전에는 불가능이란 없다'라는 말을 실천하지 못하고 이 섬을 빠져나오지 못하고 생을 마감했다.

솔로몬과 시바

　에티오피아의 시바여왕은 솔로몬을 만나려고 많은 시종과 예물을 가지고 이스라엘로 향했다. 여러 가지 질문을 던져보았지만 솔로몬은 친절하게 응답했다. 시바여왕은 반년 동안 행복한 시간을 보낸 후 에티오피아로 돌아갔다. 솔로몬은 그녀에게 반지를 주며 훗날 사내아이가 태어나 장성하면 그 반지를 주며 자신에게 보내라고 했다.

[솔로몬과 시바]

　에티오피아로 돌아왔을 때 사내아이가 태어났다. 여왕은 아이에게 '지혜의 왕인 솔로몬의 아들'이라는 뜻이 담긴 메넬리크라는 이름을 붙여주었다. 솔로몬은 아들에게 이스라엘의 왕위를 이으라고 권했지만 메넬리크는 시바에게 돌아가겠다고 했다. 솔로몬은 메넬리크에게

왕권을 상징하는 기름을 붓고 에티오피아의 왕으로 공표했다. 그들은 솔로몬과 시바의 후손이라는 사실에 긍지와 자부심을 가졌다.

미켈란젤로

1506년 어느 날 미켈란젤로가 있던 로마의 숙소로 바티칸 용병이 찾아와 교황의 전갈을 전했다. 어떤 문제를 해결하기 위해 즉시 오라는 소식이었고 그 문제를 해결하면 후사하겠다는 전언이었다. 서둘러 간 문제의 장소에는 흙투성이에 비틀린 모습을 하고 있는 대리석 조각상이 포도밭에 버려져 있었다. 그것은 바로 로마 시대의 유명한 작품이었던 **라오콘 군상이었다.** 트로이 출신의 세 부자가 포효하는 바다괴물에 몸이 감겨 괴로워하는 모습이었다. 미켈란젤로는 이 작품을 "아주 기이한 예술의 기적"이라고 말했다. 오랫동안 자취가 묘연했던 라오콘 군상이 발견되자 로마 역사 1,500년의 고리가 연결되었다. 그동안 로마인들은 뿌리를 잃고 스트레스를 받고 있었는데 이 발견으로 전통과의 고리를 다시 잇게 되었다. 르네상스는 재탄생의 의미를 가진다. 고통스러워 보이는 라오콘군상은 투쟁의 연속인 인간의 삶에서 영감을 얻은 것이며 이 작품은 로마인들에게 투쟁이란 인간의 역사만큼 유구한 것임을 분명히 보여줬다. 이 조각상을 들고 로마 시내를 행진했던 로마인들은 인간의 스트레스를 과감하게 묘사한 이 대리석 조각상으로부터 그들의 뿌리를 찾았다.

라오콘 군상은 트로이 신관 라오콘과 그의 두 아들이 포세이돈의 저주를 받는 장면을 묘사한 고대 그리스 조각상이다. 이 작품은 1506년에 로마에서 발굴되어 바티칸에서 대중에 공개된 이후 가장 유명한 그리스 조각 중 하나가 되었다. 인물들의 크기는 실제 인간의 크기와 비슷하며, 높이는 2m가 약간 넘는다.

[라오콘군상]

이 군상은 서양 미술에서 인간의 고통에 대한 원형적 상징이었다. 예수의 수난이나 순교를 나타내는 기독교 예술에서 묘사되는 고통과는 달리, 이 군상의 고통은 어떤 속죄의 힘이나 보상을 나타내지는 않는다. 고통은 일그러진 얼굴 표현으로 나타나며, 분투하는 몸체, 특히 모든 부분이 뒤틀리는 라오콘의 몸체와 조화를 이룬다.

헨리 8세

헨리 8세는 불같은 성품, 엄청난 배 둘레가 말해주는 왕성한 식탐, 호색한이며 카리스마가 넘치는 인물이었다. 헨리 8세와 결혼한 왕비는 여섯 명이다. 헨리 8세는 셋째 부인 제인 시모어를 가장 사랑했지만 왕자(훗날 에드워드 6세)를 낳다가 산욕열로 숨져 사별해야 했다. 국왕 즉위 500주년을 맞이한 헨리 8세가 영국에서 재평가받고 있다. 그는 로마 가톨릭과 결별하고 영국 국교 성공회를 설립했다. 재위 38년간 7만 2,000명을 죽여 '폭군' 딱지가 붙어있었다. 하지만 상비해군과 성공회를 만들어 대영제국의 기초를 닦았다는 평가를 받는다. 16세기 초반 작은 섬나라에 불과한 영국이 세계의 강대국으로 발돋움했다. 그 당시 영국은 프랑스와의 백년전쟁으로 국고가 바닥나 있었다. 헨리 8세는 육상보다는 해상으로 눈을 돌렸다. 당시 해양강국인 포르투갈과 에스파냐에 맞설 수 있는 힘을 갖추는 데 진력했다. 상선에 대포를 탑재하여 강력한 전함을 만들었고 강력한 해군력으로 다시 태어났다.

대영제국의 기초를 다진 헨리 8세는 2명의 부인을 죽인 광기의 군주다. 런던정경대(LSE) 교수인 스타기 박사는 "헨리 8세가 코로나바이러스까지 걸렸던 고든 브라운(영국 총리)보다 더 유능하게 영국을 통치했다."라고 말했다. 고립된 섬나라, 별볼 일 없는 변방에서 도박에 가까운 홀로서기를 하면서 대서양이란 신세계로 뱃머리를 돌려 유럽대륙은 물론 세계의 중심

[헨리 8세]

출처: Wikimedia Commons, the free media repository

국가로 우뚝 설 수 있었다는 것이다. 상냥하고 친근했던 신사가 잔혹하고 비정한 괴물로 변한 데는 신상에 일어난 여러 가지 사고가 원인으로 거론된다. 1536년의 낙마 사고, 앤 불린 왕비의 유산, 뒤이은 간통 루머, 혼외 아들의 죽음, 수차례 반란 등으로 인한 상처를 회복하지 못했다는 것이다.

그러나 아내뿐만 아니라 토머스 모어, 토머스 크롬웰 같은 충신까

지 단두대로 보낸 역사를 정당화하긴 어렵다. "그가 없었다면 위대한 역사를 즐기지 못했을 것", "영웅은 아니지만 분명 영국에 지금까지도 영향을 미치는 인물"이란 평가도 있다. 최근 여론조사 결과 **역대 국왕 인기 순위에서 엘리자베스 1세, 빅토리아 여왕 다음을 차지하는가 하면 심지어 1위에 올린 이도 꽤 됐다.**

헨리 8세의 세 자녀는 메리 1세, 엘리자베스 1세, 에드워드 6세다. 헨리 8세는 국왕의 순위로 에드워드 6세, 메리 1세, 엘리자베스 1세로 지정했다. 국력의 중심이 신교로 기울어지고 있던 시대에 메리 1세는 유일한 가톨릭교도였다. 피의 메리란 별명에 맞게 그녀는 300명의 신교도를 불더미 속으로 밀어 넣었다. 존낙스의 기도로 메리 1세는 죽음을 맞았다.

헨리 8세가 국가 정체성을 확립해 국익을 확보했다는 평가는 영국 국민들로 하여금 강력한 군주 리더십에 대한 향수를 일으킨다.

삼국지의 최후 승자

208년 조조는 80만 대군을 이끌고 적벽에 진을 쳤다. 한편 유비와 동맹을 맺고 결전에 나선 손권은 2만 명을 이끌고 조조의 대군과 맞섰다. 그러나 적벽대전에서 조조의 80만 대군은 주유의 2만 군사의 화공작전으로 거의 전멸하고 말았다. 조조라는 공통의 적이 사라지자 유비와 손권은 형주의 소유권을 둘러싸고 치열한 싸움을 벌였다. 유비와 손권의 군사 제갈량과 주유의 두뇌싸움이 시작되었다. 그러나 주유가 36세에 급사하자 형주는 유비에게 돌아갔다. 제갈량의 천하삼분지계 계략은 실현되었다. 화북을 차지한 위의 조조, 강동을 지배하는 손권의 오, 그리고 촉을 지배하는 유비의 삼국 분립이 굳어졌다. 조조는 한중에서 철수하면서 그곳을 鷄肋에 비유했다. 계륵은 닭갈비 뼈로서 버리기는 아깝고 막상 먹으려면 살점이 없다는 고사성어다. 유비와 손권은 한중에서 조조를 물리쳤지만 그 후 손권은 유비와의 동맹을 파기하고 조조와 손을 잡았다. 관우를 공격한 손권의 장수는 여몽이었다. 吳下阿蒙으로 불렸던 여몽이었지만 각고의 노력으로 刮目相對의 경지에 올랐다. 여몽의 공격을 받아 관우가 목숨을 잃었다. 그러나 관우가 죽은 지 얼마 지나지 않아 관우의 혼백에 시달리다 여몽도 죽었다. 관우가 죽은 다음 달 다시 조조가 세상을 떴다. 조조의 아들 조비가 위왕조를 세웠고 유비는 촉왕조, 손권은 오왕조를 세웠다. 관우의 죽음에 충격을 받은 유비는 복수를 다짐하고 오나라를 쳐들어갔으나 여몽의 후임 육손의 계략에 말려 이릉전투에서 대패했다. 유비는 제갈량에게 유선을 부탁하고 숨을 거뒀다. 그리하여 위촉오 삼국지의 세계는 제갈량의 독무대가 되었다. 제갈량은 위나라 장수 사마의에게 번번이 저지당하고 234년 오장원 진영에서 죽음을 맞이했다. 위나라는 사마의가 실권을 차지했다. 사마의의 장남 사마사를 거쳐 사마소에 이르러 왕위찬탈에 대한 야심을 드러냈다. 그래서 司馬昭之心이란 말이 생겨났다.

노장사상의 無爲自然을 신조로 삼고 세상사의 구속에 얽매이지 않고 은둔생활을 해오던 竹林七賢이 있었다. 이들 7인은 대숲에 모여 함께 술을 마시며 청담과 음악에 묻혀 살아갔다. 사마의, 사마사, 사마소 세 명의 사마씨들은 이들을 압박하여 자신을 돕도록 위력을 사용했다. 이들은 세 부류로 나누어진다. 첫번 째 부류는 사마씨에게 계속 비타협적인 태도를 취하다가 결국 처형된 혜강이다. 두 번째 유형은 사마씨 밑에서 관료가 되었으나 술과 기행을 일삼아 자신들이 쓸모없는 사람임을 과시하여 생명을 무사히 보전한 완적, 완함, 유령 세 사람이다. 세 번째 유형은 전향파로 사마씨 정권에 참여해 사마씨의 서진 왕조 창건에 일조를 한 산도, 왕융, 상수 세 사람이다. 그러나 이들은 최후까지 죽림칠현의 정신을 잃지 않았다. 사마소의 아들 사마염은 263년 촉나라와 위나라를 멸망시키고 280년 서진왕조를 건설하여 무제로 등극했다.

로맹 롤랑

로맹 롤랑은 40년간 하루 4시간의 수면을 취했다고 한다. 독서와 집필과 연구에 몰두했고 항상 날카로운 빛을 발하는 두 눈동자를 가지고 깨어있는 모든 사물을 꿰뚫어 보았다. 하루 20시간 글을 써 나갔다. 육체를 이끌고 한 영역에서 다른 영역으로 왔다 갔다 했다. 보통 사람으로서는 생각할 수 없는 체질상 비밀과 신체적 특수성을 지녔다. 실로 기적에 가까운 삶을 살았다. 그는 참다운 예술가로서 인류에 대한 사랑을 강조하는 톨스토이의 가르침을 받았다. 그는 1915년 대하소설의 선구가 된『장 크리스토프』로 노벨문학상을 받은 프랑스의 대표적인 소설가·극작가·평론가다.

독서광인 지도자

논문을 쓰기 위해서는 많은 자료와 책을 읽어야 한다. 톨스토이는 『전쟁과 평화』라는 거작을 쓰기 위해 도서관의 모든 책을 읽었다. 1만 권의 책을 읽은 자는 에디슨, 신채호, 허균, 허난설헌, 모택동 등이다. 그 밖에 세종은 중국 1,000년 역사서『자치통감』194권을 다 읽었고 정조와 나폴레옹은 독서광이었다. 다산 정약용은 유배 18년 동안 500권의 책을 썼다.

맥아더

맥아더는 "전쟁은 위대한 연극"이라고 말했다. 그래서 연극배우처럼 의도적으로 삐딱하게 모자와 선글라스를 쓰고, 담배를 즐기지 않으면서도 옥수수파이프를 물고 다니며 가죽점퍼를 입고 비스듬히 앉은 자세 등으로부터 미국의 시저라는 별명을 얻었다. 맥아더는 대장으로 1937년 퇴역했음에도 태평양전쟁이 일어나자 중장으로 현역에 복귀했다. 맥아더는 1944년 전쟁 중 원수로 승진했다. 조지 워싱턴은 대통령에서 퇴임한 후 자기가 부통령으로 데리고 있다가 대통령이 된 애덤스의 밑에 들어가 육군 중장으로 참모총장을 맡아 전쟁을 승리로 이끈 전례가 있었다.

맥아더는 군복을 입고 사병의 관에 담겨 영구차가 아닌 탄약 운반차를 타고 알링턴국립묘지가 아닌 고향에 묻혔다.

괴테와 베토벤

베토벤과 괴테는 보헤미아 지방의 휴양지 테플리스에서 괴테의 딸베티나의 소개로 서로 만났다. 이곳에서 산책을 나선 괴테와 베토벤은 팔짱을 끼고 담소를 나누며 걸어가고 있었다. 테플리스는 유명한 휴양지이므로 명사들이 즐겨 찾는 곳이다. 마침 오스트리아 왕비와 일단의 귀족들과 정면으로 조우하게 되었다. 많은 사람들이 모세 앞에서 홍해가 갈라지듯 귀족 일행에게 경의를 표하며 자리를 비켜주었다. 고귀한 신분을 가진 인간보다 천재성을 타고난 인간이 더 우월하다고 평소 공언해 온 베토벤은 괴테에게 자기 팔을 꽉 잡고 풀지말라며 이렇게 말했다. "저 사람들이 우리에게 길을 비켜줘야지 우리가 비켜주면 안 됩니다." 그러나 괴테의 본업은 궁중가신이었기 때문에 그 말을 따를 수 없었다. 괴테는 베토벤이 꽉 잡고 있는 자기 팔을 빼내어 모자를 벗고 왕비에게 공손하게 절을 했다. 그러나 베토벤은 머리를 꼿꼿이 세운 채 성큼성큼 앞만 보고 걸어갔다.

[괴테와 베토벤]

출처: Wikimedia Commons, the free media repository

괴테는 그 후 베토벤에게 보낸 편지에서 너무 불손했다고 질책했다. 베토벤은 주변 사람들에게 괴테가 왕족들에게 너무 사족을 못 쓴다고 이야기했다.

베토벤은 1801년 자신의 청각 장애를 인식하고 난 후 심지어 "자살까지도 생각했지만, 예술만이 나를 붙잡았다."라고 회고했다. 그는 이 단계에서 내면의 투쟁을 선언했고 교향곡을 만들기 시작했다. 베토벤은 영웅 교향곡을 작곡하여 나폴레옹 보나파르트에게 헌정하려고 했지만 보나파르트가 스스로 황제를 선포했다는 소식이 전해지자 격분하여 소리쳤다. "그렇다면 그는 평범한 인간에 지나지 않는군! 이제 그도 인간의 모든 권리를 짓밟고, 자신의 야망만을 탐닉할 것이다. 이제 그는 자신이 모든 사람보다 우월하다고 생각할 것이고 폭군이 될 것이다!" 베토벤은 테이블로 가서 제목 페이지 윗부분을 움켜쥐고 반으로 찢어서 바닥에 던졌다. 그 페이지는 다시 만들어야 했고, 교향곡은 영웅 교향곡이라는 다른 제목을 부여받았다.

혁명의 영웅

조지 워싱턴이 없었다면 미국혁명은 없었을 것이며 로베스피에르가 없었다면 프랑스혁명이 없었을 것이다. 그리고 레닌이 없었다면 러시아혁명은 없었을 것이다. 과학적 사실만이 가치 있는 일이라고 생각하여 비과학적이며 증명이 불가능한 사상을 지닌 사람들이 이성적 사실보다 역사의 방향을 더 크게 바꾼다는 사실을 잊기 쉽다.

일본의 대표적 혁명가로 오다 노부나가와 도요토미 히데요시, 그리고 도쿠가와 이에야스를 들 수 있다. 이들을 중국 삼국지의 세 영웅 조조, 유비, 손권과 비교하여 분석하면 흥미로운 사실을 알 수 있다. 두견새에 대한 이들의 태도를 보면 정치 역량과 성격을 짐작할 수 있다.

일본의 오다 노부나가는 삼국지의 조조와 성품이 비슷하여 두견새가 울지 않으면 자신의 뜻을 관철하기 위해 즉각 행동으로 돌입하여 두견새를 죽인다. 도요토미 히데요시는 유비와 같아서 두견새를 울게 만든다. 그러나 인내심이 많은 도쿠가와 이에야스와 사마의는 적절한 시기가 올 때까지 끝까지 기다린다. 결국 일본과 중국의 역사에서 최후 승자는 이들에게 돌아간다.

[두견새로 분석한 두 나라 영웅들]

일본	두견새	삼국지
오다 노부나가	울지않으면 죽인다	조조
도요토미 히데요시	울지않으면 울게 한다	유비
도쿠가와 이에야스	울지않으면 울때까지 기다린다	사마의

일본 역사를 한마디로 비유하면 "오다가 찧고, 도요토미가 반죽한 천하의 떡을, 앉아서 먹는 것은 도쿠가와 이에야스"라는 말이 나온다. 또한 삼국지의 최후 승자는 사마의에게 돌아가고 사마씨의 가문에서 삼국지 세 나라를 평정하고 진나라의 통일을 이룬다.

모택동, 등소평, 시진핑

모택동의 공산혁명, 등소평의 시장혁명, 시진핑의 중국몽에 의해 오늘의 중국이 만들어졌다. 모택동은 말년에 문화혁명이라는 과오를 범하기는 했지만 그가 중화인민공화국을 건설한 사람이었다. 중국 인구의 20%를 굶주림에서 해방시키고 중국을 200년 만에 강대국의 위치로 만든 것은 절반이 등소평의 역할이었다. 시진핑이 말하는 중국몽의 요체는 중화민족의 위대한 부흥이었다. 등소평의 개혁개방 노선과 모택동의 사회주의 기풍을 아우르면서 중국 특유의 사회주의 건설을 이루는 것이다.

모택동 사상은 마르크스 레닌주의의 보편적 진리와 중국의 구체적 실천을 결합하여 생겨난 것이다. 모택동은 숨이 붙어있는 마지막 순간까지 책을 손에서 놓지 않았다.

안중근

일본은 조선의 발전과 민생향상에 진력하는 것처럼 제스처를 취했다. 하지만 이토히로부미는 개성을 비롯한 전국의 왕릉에서 도굴한 고려청자를 선물로 뿌리는 등 표리부동한 행동을 서슴지 않았다. 그는 미국 예일대학의 래드박사를 만나 큰소리쳤다. "당신을 나의 나라, 조선에 초대하고 싶습니다." 안중근의 의거가 알려지자 조선과 중국의 백성들은 일제히 환호성을 질렀다. 중국의 국부 쑨원은 "안중근 공은 삼한을 덮고 이름은 만국에 떨치나니 백세의 삶은 아니나 죽어서 천추에 빛나리."라고 극찬했다. 신문화혁명의 선구자인 천두슈도 "나는 중국 청년들이 톨스토이나 타고르가 되기보다는 콜럼버스나 안중근이 되기를 원한다."라고 말했다. 하얼빈의 거사가 성공한 후 2년 뒤 1911년 중국에서는 신해혁명이 일어나 청조가 무너졌다. 안중근의 거사가 중국의 신해혁명에 직접적인 영향을 주었다. 중국의 국민당과 공산당은 당을 초월하여 조선독립지사들을 적극적으로 후원하게 되었다. 중국 총리 주은래는 대학 재학시절 안중근을 주인공으로 하는 연극을 연출했고 부인은 남장으로 안중근 역을 맡았다. 일제는 이토를 기리고자 지금 신라호텔 자리에 이등박문의 이름을 따 박문사 절을 세웠다. 그러나 안중근의 아들 안준생은 이토 히로부미의 아들에게 아버지의 죄를 사과했다. 안준생의 삶은 그 후 평안했지만 虎父犬子(호랑이 아버지에 개 같은 아들)라는 오명을 쓰게 되었다.

칸트

"칸트(Immanuel Kant, 1724~1804)를 비판하거나 추종하면서 철학할 수는 있어도, 칸트를 모르고서는 철학을 할 수 없다.", "칸트는 철학 사상계 중앙의 대저수지다. 칸트 이전의 모든 사상들이 칸트 안에 모여 있고, 칸트 이후의 모든 사상은 칸트로부터 흘러나왔다." 오늘날 서양사상의 4가지 기둥은 **고대 그리스-로마 사상, 기독교 사상, 근대 자연과학 사상, 근대시민사회 형성 사상** 등이다. 이 네 가지 사상은 인류의 보편적 가치로 확산되었다. 칸트 철학은 네 물줄기의 대(大)합류이며 계몽주의 사상을 대변한다. 따라서 칸트철학을 철학의 최고 봉이라고 부른다. 우리나라에서도 이를 수용하였다. 건국의 아버지 이승만 대통령이 나라를 건국하기 위해 사용한 4가지 기둥은 **자유민주주의, 자유시장경제, 한미동맹, 그리고 기독교 입국론**이다. 중국에서도 칸트를 "근대 서양에 다시 태어난 공자(孔子)"라고 평했다.

칸트 철학의 궁극적인 물음은 "인간은 무엇인가?"다. 칸트는 이 물음에 대한 답을 인간이 추구하는 眞·善·美·聖이라는 궁극적 가치의 의미를 밝혀냄으로써 얻고자 했다. 그래서 칸트는 우선 1) "나는 무엇을 알 수 있는가?", 2) "나는 무엇을 행해야만 하는가?", 3) "나는 무엇을 희망해도 좋은가?"라는 세 물음을 제기하는데,『순수이성비판』은 첫째 물음, 곧 眞, 즉 진리 문제를 주제적으로 다루며 그 결실이 칸트의 인식론과 형이상학(존재의 근본을 연구하는 학문)이다.

『실천이성비판』은 둘째 물음, 곧 善의 문제를 주제적으로 다루는바 그 결실이 그의 윤리학이다.

『판단력비판』은 둘로 나누어 전반부는 '나는 무엇에서 흡족함을 느낄 수밖에 없는가?'라는 美에 대한 답을 얻으려 시도하고 있고, 그 결실이 그의 미학이론이다. 그리고『판단력비판』의 후반부는 다른 종교철학 저술과 함께 셋째 물음, 곧 최고선 및 聖의 문제를 다루는데 그 결실이 희망의 철학인 칸트의 이성종교론이다.

칸트는 신적인 계시도 인간 안의 신성인 도덕성과 일치하지 않으면 정당화될 수 없다는 입장을 견지한다. 이것은 쉽게 말해 도덕이 성서에 준하여 해석되면 안 되고 거꾸로 성서가 도덕에 준하여 해석되어

[칸트]

출처: Wikimedia Commons, the free media repository

야 한다는 입장이다. 칸트는 '이성의 한계 안에서의 종교'를 말한다. 나아가 칸트는 인간의 선한 심성을 가꾸는 도덕적 과업을 내팽개치고 기복(祈福)과 사죄(赦罪)의 의식에만 온 힘을 기울이는 제사 종교를 불순한 종교로 평가한다.

나치 친위대로 유대인 학살을 주도했던 아돌프 아이히만에 대한 재판은 전 세계적으로 이목이 집중된 사건이었다. 600만 명의 유대인을 학살한 전쟁범죄를 어떻게 처리하는지 인류는 숨죽이고 바라보고 있었다. 재판 과정에서 아이히만은 자신의 행위를 정당화하는 논리로 칸트의 정언명령을 내세웠다. 거역할 수 없는 히틀러의 절대

명령에 자신이 복종한 것이기에 잘못이 있을 수 없다는 항변이었다. 아이히만은 칸트의 정언명령을 왜곡해서 해석했다. 칸트의 정언명령을 내리는 자는 인간이 아니라 인간 개개인의 내부에 있는 도덕적 자아다. 모든 인간에게 주어져 있는 양심의 목소리에 귀를 기울여 그것을 실천하는 것이 정언명령인 것이다.

칸트는 영구평화론을 주장했다. 영구적인 평화란 그저 전쟁이 없는 정도의 평화가 아니라 국가 간 적대 그 자체가 없는 상태, 즉 국가가 지양된 상태로서 국가 연합을 의미한다. 철학이 크고도 보편적인 삶의 수수께끼를 직접 다룬다고 보면 철학은 역사보다 훨씬 높은 곳에 있다.

칸트는 "어떤 나라든 다른 국가와의 관계에서 자국의 독립이나 소유권은 한순간도 안전하지 않다. 국가 간에는 서로 다른 나라를 굴종시키거나 그 소유권을 침해하려는 의지가 항상 존재하고 있다. 그리고 방위를 위한 군비가 평화시기를 힘들게 하고 국내복지를 파괴적이게 만드는데 이것은 때로 전쟁 그 자체보다도 매우 심각하다."라고 말했다. 영구평화론에서 칸트의 생각은 국가연합이었다. 이에 따라 제1차대전 후 국제연맹이 탄생하였고 다시 제2차대전 후에는 국제연합 또는 유엔이 만들어졌다. 유엔은 칸트 이념에 기초하여 만들어진 기구지만 현재 유엔의 모습은 그로부터 멀리 떨어져 있다. 왜냐하면 그것은 강한 상대에게 복종함으로써 안전을 획득하는 방법이기 때문이다. 이것은 홉스적인 원리다. 유엔안전보장이사회는 사실상 2차대전 승전국이 지배하는 체제다. 여기에서는 유엔이라는 이름하에 실력을 가진 강국이 지배하고 있다. 미국과 같은 헤게모니 국가가 유엔의 이름하에 지배하고 있다. 그러므로 유엔을 강화하여 세계정부를 만들려고 해도 그것은 사실상 세계 제국과 다르지 않다. 결국 칸트의 국가연합사상은 오늘날 왜곡되어 나타났다.

5. 경영과 역사

추억의 서울풍경

지금부터 600년 전, 인구 20만 명의 한성은 남산, 북악산, 낙산, 인왕산 등의 내사산(內四山)에 의해 작은 원을 그리며 둘러싸여 있었다. 그 작은 원을 둘러싸는 큰 원에는 관악산, 북한산, 용마산, 덕양산 등의 외사산(外四山)이 자리하고 있다. 서울의 사대문 안에는 종각을 제외하면 대부분 초가집이었고 그 외는 과수원과 무밭, 배추밭, 파밭, 수박밭 등이 주거지역보다 더 넓게 자리 잡고 있었다. 숭례문에서 까치발을 하고 둘러보면 끝없이 펼쳐진 초가집이 바다를 이루는 가운데 동대문이 빤히 보였다. 한성의 중심가를 가로지르는 청계천을 사이에 두고 북촌과 남촌의 촌락이 옹기종기 들어서 있었다. 청계천은 원래 자연 하천이었는데 여름 장마철이 되면 도심의 불어난 물이 남산에 가로막혀 한강으로 빠져나가지 못하고 항시 범람하여 홍수피해를 가져왔다. 태종은 대규모 준설공사를 시작하여 광교로부터 동대문에 이르는 인공하천인 청계천을 건조했다. 그 결과 장마 때 불어난 물은 중랑천을 거쳐 한강으로 빠져나가게 되었다. 1392년 조선을 세운 이성계가 2년 후 개경에서 한성으로 도읍을 옮긴 이래 500여 년 넘게 한성의 모습은 원형을 그대로를 유지하고 있었다.

종각에 걸린 종은 하루 두 번 정기적으로 타종하고 도성 내에서 화재가 발생하면 긴급하게 치게 된다. 밤 10시에 28번 치는 종은 도성의 문이 닫히는 신호이고, 새벽 4시에 33번 치는 종소리는 통행금지를 해제하는 신호다. 날이 저물면 거리의 사람들은 하나둘 지친 몸을 이끌고 집으로 돌아간다. 상점은 가게 문을 닫고 장사꾼들과 행상들은 각자 목판을 들고 사라진다. 집집마다 밥 짓는 연기가 피어오르고 저녁 시간이 지나면 어두운 거리에는 불빛이 보이지 않는다. 한성의 큰 고개로 불리는 만리재를 중심으로 왼쪽은 용산, 오른쪽은 마포가 자리 잡고 있다. 조선 시대에는 피부색으로 마포 사람과 왕십리 사람을 구별했다고 한다.

마포 사람은 얼굴이 까맣고 왕십리 사람은 목덜미가 까맣게 탔다. 마포 사람은 서쪽에서 해를 안고 아침부터 새우젓 지게를 지고 성안으로 들어간 연고로 얼굴이 탈 수밖에 없었다. 그러나 왕십리 사람은 채소밭에서 거둔 채소를 수레에 싣고 해를 등진 채 도성 안으로 갔으니 목덜미가 타는 것은 어쩔 수 없었을 것이다.

용산 지역에는 주로 유기제품을 만드는 장인과 도제들이 몰려 살고 있었다. 이들은 놋그릇을 만들고 각종 옹기와 기와를 구워내는 일을 전문으로 하는 사람들이다. 온종일 매캐하고 자욱한 잿빛 연기 속에서 열심히 작업에 몰두한다. 한강 나루터 주변에는 얼음 창고가 늘어서 있다. 서빙고와 동빙고 나루터에는 항상 사람들로 장사진을 이루고 있었다. 겨울철이면 한강 상류에서 얼음을 채취해 여름철에 비싸게 내다 파는 상인들이 자리하고 있다. 세종은 친형인 양녕대군에게 항상 짐을 지고 있었다. 조선 시대의 왕위 세습은 장자 우선 원칙인데 이를 어기고 삼남인 자신이 왕위에 올랐기 때문이다. 그래서 여름이 되면 매일 얼음 한 덩이를 양녕대군에게 하사했다고 한다. 냉장고가 없던 시절에 일반 평민은 감히 누릴 수 없는 특전이었다. 입춘 전 한강은 120에서 150센티 두께로 얼음이 언다. 이 얼음을 떼어내어 서빙고와 동빙고의 얼음 창고에 보관해 두었다가 봄과 여름에 사용한다. 동빙고 얼음은 궁중제사 때 사용하고 서빙고 얼음은 궁중의 대소사 때 사용된다. 신라 시대에는 석빙고가 이러한 역할을 했다. 마포나루는 새우젓과 소금으로 유명하고, 한성에 필요한 곡물과 어물류를 공급하던 가장 중요한 포구였다.

전국의 배들이 황포돛대를 달고 드나들었고 한강 변을 따라 어촌이 형성되어 있었다. 하루일과가 끝나면 종일 고된 일에 지쳐있던 일꾼들은 주막집과 선술집에 삼삼오오 모여들어 시끌벅적하게 술을 들이켜는 모습이 일상사였다. 최근까지 남아있던 '마포대포집'은 추억을 회상케 한다. 역사의 뒤안길로 안개가 사라지듯 시나브로 스러져가는 서울의 풍경을 추억의 한 공간에서 더듬어 보게 된다.

6·25 당시 서울 시민은 150만 명이었고 그중 10분의 1이 한강 남쪽 영등포구에 살고 있었다. 강북의 140만 명 중 한강을 건너 피난간 사람은 40만 명에 불과했다. 100만 명은 재산을 지키기 위해 피난을 가지 않았다. 서울은 순식간에 공산세력으로 점령당했다. 붉은

완장을 두른 공산군이 길거리에서 불심검문을 하고 젊은이들을 의용군으로 강제 연행했다. 모든 사람들은 집안에 꽁꽁 숨어 있어야만 했다. 배고픔을 이기지 못하고 식량을 구하러 죽음을 무릅쓰고 동대문 시장과 남대문 시장으로 나왔다. 맥아더 장군이 이끄는 유엔군이 인천상륙작전을 성공하고 서울로 진격해 왔다. 1950년 9월 28일 서울이 수복되고 국군이 들어오자 그동안 살아남기 위해 부역자가 된 자들은 곤욕을 치렀다. 인민재판을 받고 파출소장, 판검사 등이 공개 총살당했다. 그동안 적의 치하에 있던 92일 동안 서울에서만 1,500명이 이북으로 납치되었다. 김규식 박사, 서울대, 고려대 총장, 문필가 이광수, 판·검사, 목사, 고위 공직자 등이 북송되었다. 그들은 돈암동-미아리고개-우이동-의정부를 거쳐 북한으로 끌려갔다. 〈단장의 미아리 고개〉는 이때 지어졌다.

전쟁의 모습

제2차대전을 통해 인류는 끔찍하고 악몽 같은 전쟁을 경험했다. 전선에서 직접 충돌하는 전투로 인한 피해도 막대했지만 아우슈비츠 수용소의 홀로코스트나 난징대학살처럼 후방에서 자행된 대량학살은 인류 역사에 큰 오점을 남겼다. 얄타회담을 비롯한 전쟁 중에 이루어진 회담은 인류에게 전쟁이 곧 끝날 것이라는 희망을 품게 했지만 막상 전쟁이 끝나자 냉전이라는 다른 형태의 전쟁이 이어졌다.

미국과 소련에 의한 세계의 분할은 냉전의 시작을 알렸다. 그 와중에 한국전과 베트남전과 같은 열전을 경험하게 되었다. 일본은 한국과 베트남의 전쟁당사국이 경험하는 불행을 업고서 특수의 덕을 누리며 경제대국의 발판을 마련했다. 중국은 1945년 일본의 패망으로 해방되었으나 곧 4년간의 국공 내전을 겪어야 했다. 1949년 공산당의 승리로 공산당혁명을 이루었으나 1950년 한국전에 개입했다. 1953년 정전협정으로 중국은 한시름 놓는가 했더니 다시 대약진운동에 동원되어야 했다. 잘살자고 시작한 대약진운동이었지만 잘 살기는커녕 수천만 명이 굶어 죽었다. 대약진운동이 실패한 지 얼마 안 되어 문화대혁명이 일어났다. 혁명을 통해 가난한 사람들이 농지를 얻고 노동자들은 자유와 권리를 얻을 것이라고 기대했지만 20년이 넘도록 중국인들은 공산당의 정치적 목적에 동원되어야 했다.

중국 인구

원래 중국의 세금제도는 당 태종(618~907) 때 정비된 조용조(租庸調)였다. 토지소유에 대한 세금인 租, 성인 남자들이 성을 쌓는 데 일을 해야 하는 庸, 지역의 특산물을 내는 調를 의미한다. 이 제도가 명나라(1368~1644)에 이르러 일조편법(一條鞭法)으로 축소되었다. 일조편법은 토지와 성인 남자에게만 세금을 부과하는 제도다. 이 제도하에서는 세금을 피하기 위하여 호구조사를 숨기는 사례가 속출했다. 그래서 이런 부작용을 없애기 위해 청나라의 옹정제는 지정은제를 실시하게 되었다.[17] 지정은제는 모든 세금을 폐지하고 토지에만 세금을 부과하는 것이다. 사람에게 부과했던 부역은 사실상 없어졌다. 청나라의 조세제도인 지정은제(地丁銀制)로 인해 중국의 인구가 폭발적으로 증가했다. 토지에 대한 세금만 내면 되니까 사람들은 자녀를 될 수 있는 대로 많이 낳으려고 할 것이다. 왜냐하면 자녀가 몇 명이든 세금이 똑같다면 많이 낳아서 노동력을 풍부하게 하여 소출을 늘일 수 있기 때문이다. 중국 인구가 1억 명이 되는 데는 5,000년이 걸렸지만 청나라가 세금제도 하나를 변경함으로써 불과 300년 만에 중국 인구는 1억 명에서 4억 명으로 급속도로 팽창했다.

중국 성씨의 특징은 우리나라와 같이 대부분 외자 성이다. 중국의 성 중에 가장 많은 3대 성씨는 왕, 이, 장씨다. 그다음에 15대 성씨로, 양, 주, 황, 조, 오, 손, 서, 임, 호, 주, 곽, 량, 마, 고, 하씨를 꼽는다. 이들 18성이 중국 인구의 절반이 넘는다. 중국인의 성은 6천 개 정도다.

우리나라의 경우 3대 성씨는 김, 이, 박씨이며 전체의 45%를 차지한다. 그다음에 15대 성씨로는 최, 정, 강, 조, 윤, 장, 임, 한, 오, 서, 신, 권, 황, 안, 송씨다. 2000년에 728개였던 성씨가 2020년에는 5,000개로 증가했다. 우리나라의 성씨가 5,000개인 데 비해 우리보다 인구가 28배나 많은 중국의 성씨가 6,000개다. 중국 성씨가 증가하지 않고 고정되어 있는 데 비해 비정상적으로 우리나라의 성씨가 증가하는 이유는 다양한 국가로부터 한국으로 귀화하는 외국인이 늘어날 뿐만 아니라 귀화하는 외국인이 자기 나라의 성을 그대로 등록하기 때문이다.

역사 구성 3요소

역사를 구성하는 3요소가 있다. 인간, 시간, 공간이 그것이다. 이 3대 요소를 주제로 하여 역사를 서술하는 것이 수많은 역사적 사실에 접근하는 가장 가까운 길이다. 한나라의 사마천은 역사를 움직이는 가장 중요한 동력은 인간이라고 생각하여 인간 중심의 기전체를 창안하여 사기를 완성하였다. 그 후 천년이 지나 송나라의 사마광은 시간, 즉 연대야말로 역사에서 중요한 주제라 판단했다. 연, 월, 일을 중심으로 기술하는 편년체의 자치통감을 완성했다. 공자의 춘추도 편년체다. 당나라의 역사가 두우는 국가라는 공간 속에서 만들어진 제도를 역사의 중심 주제로 하여 통전을 마무리했다. 이들 세 사람은 각기 인간, 시간, 공간 중심의 역사관을 가지고 역사를 기술했다. 우리나라의 삼국사기, 고려사, 해동역사 등이 기전체이고 고려사절요, 동국통감, 조선왕조실록, 한중록 등이 편년체다. 세계사의 시각에서 볼 때 중국은 다양한 주제를 지니고 있는 나라다. 광활한 대륙, 변하는 인구변화, 25개 왕조의 흥망, 수많은 농민반란, 한민족과 북방민족의 대립 등이 중국 사회가 가지고 있는 다양한 주제들이다. 중국이 2천 년 동안 정체된 사회로 유지된 것은 이러한 이유 때문이

다. 세계 역사상 중국처럼 많은 농민반란이 일어났던 나라도 드물
다. 진나라 말기 진승, 오광이 일으킨 최초의 농민반란으로부터 청나
라 말기 태평천국운동에 이르기까지 2천 년 동안 수백 회의 농민반
란이 일어났다. 반란의 원인은 황제통치의 병폐, 관료부패, 인민수탈,
흉작, 기근 등이다.

명나라 순장제도[18]

　조선은 명나라의 요구에 따라 처녀와 기타 특산물을 진상하는 일
을 계속했다. 순장제도는 영락제와 인종 때까지 시행되다가 선종에
이르러 폐지되었다. 장기간 중국에 머물러 있던 조선인이 조선으로
귀국하게 되자 명나라 왕궁 내부의 수많은 비밀들이 알려지게 되었
다. 선종이 세상을 뜨자 조선의 여성 김흑 등 53명이 궁정에서 풀려
나 귀국하게 되었다. 김흑은 영락제(1417년) 때 중국에 오게 된 처녀
한씨의 유모였다. 한씨의 오빠 한확은 당시 조선의 부사정직을 맡고
있었다. 영락제는 한씨의 미모에 크게 만족했으며 한확에게는 광록
시소경의 벼슬과 수많은 상을 하사했다. 그러나 영락제가 붕어하자
궁인 중 순장자는 30명에 달했는데 그중에 한씨도 포함되었다. 김흑
은 궁인들이 억지로 사지로 끌려가는 참상을 목격했다. 순장을 시행
하는 당일 우선 중앙정원에서 마지막 식사인 절명반을 먹었다. 식사
가 끝나자 환관이 여인들을 이끌고 빈방에 좌정시켰다. 여인들은 모

두 울기 시작하는데 울음소리가 어찌나 큰지 전각이 쩌렁쩌렁 울렸고 듣는 사람들의 마음을 찡하게 만들었다. 방 안에는 아무것도 없고 작은 앉은뱅이 의자가 놓여 있었다. 한 명씩 그 위에 올라서서 대들보에 매달아 놓은 올가미에 머리를 들이밀면 환관이 의자를 발로 차버린다. 실제로 교수형에 해당된다. 한씨는 죽기 전 밧줄에 목을 걸고 유모 김씨를 계속 부르짖었다고 한다. "엄마, 나 가요! 엄마, 나 가요!" 그 구슬픈 비명이 채 끊어지기도 전에 환관이 무정하게 발로 의자를 치워버리니 한씨는 마치 한 가닥 버드나무 이파리처럼 쉴 새 없이 버둥거렸다. 이렇게 죽음을 기다리던 여인들이 방으로 들어가기 전 영락제의 아들인 인종은 직접 전에 들어와 그들과 작별 인사까지 나누었다고 한다. 있을 수 없는 인권유린이 이루지고 있었다. 한씨는 흐느끼며 인종에게 부탁했다. "제 어머니 김흑은 연세가 많이 드셨습니다. 폐하께서 어머니를 고국으로 돌려보내 주시면 감사하겠습니다." 인종은 "그러마." 하고 대답했다. 인종은 한씨가 임종 때 남긴 유언대로 김흑을 조선으로 돌려보내려 했다. 그러나 궁중의 여자 관원의 반대에 부딪혔다. "김흑이 조선에 돌아간다면 유사 이래 궁중에서 발생한 참극이 조선에 알려질 것입니다. 이런 중국의 궁란이 외국에 알려지지 않도록 하서야 합니다." 인종은 마음을 바꿔 김흑을 돌려보내지 않기로 결정했다. 이로 말미암아 김흑은 인종과 선종이 붕어할 때까지 인고의 세월을 보내야 했다. 선종이 죽자 선종의 어머니 장태후에게 간청하여 김흑은 조선으로 돌아갈 수 있게 되었다. 애석하게도 순장당한 한씨도 장태후에게 잘 간청했다면 순장

되지 않았을 것이다. 선종은 순장당한 여비 한씨에게 동생이 있다는 말에 다시 색정이 발동하여 그녀를 조선에서 데려오도록 명했다. 조선에 파견된 환관이 한확에게 황제의 뜻을 전하니 厚黑學[19]에 능한 한확이 다시 동생을 팔아먹으려고 수작을 부렸다. 동생의 이름은 한계란이었다. 한계란이 병에 걸려서 한확이 급히 약을 구해서 왔다. "여동생 팔아먹고 부귀가 극에 달했는데 다시 나를 팔아먹겠다고?" 하며 약과 선물을 마당에 내동댕이쳤다. 어린 한씨는 자신의 운명이 마수에 붙들려 더 이상 꼼짝달싹할 수 없음을 깨닫고 노복과 재산을 다 흩어버리고 피눈물을 흘리며 보료를 칼로 도려냈다. 보료는 조선 여성이 시집갈 때 가져가는 혼수였다. 세종대왕의 왕비가 직접 경회루에서 어린 한씨에게 송별연을 열어주었다. 중국으로 떠나는 날 한양의 선비와 여성들은 모두 한씨가 떠나는 모습을 보며 탄식했다. "순장당한 언니 뒤를 이어 오늘은 동생이 또 가는구나." 하며 흐느껴 울었다.

한계란

한씨는 명나라 선덕제에게 바쳐진 공녀다. 공녀 또는 진헌녀라 불리는 이들은 진상하는 물품처럼 명나라 황실에 바쳐진 여성들을 말한다. 명나라 황제 영락제와 선덕제의 개인적 요구에 의해 보내진 조선의 공녀는 총 114명이었다. 태종 8년에서 세종 15년까지 26년간 7차

레에 걸쳐 보내졌다. 이들 114명 중 황제 또는 황족과의 결혼을 위한 공녀는 16명이고, 나머지는 황제의 음식과 유희를 위한 집찬녀와 가무녀, 후궁의 시종들이다.

황족과의 결혼을 넘어 황제의 여자가 된다는 것은 파격적인 신분 상승을 의미한다. 그 여성의 가족은 명실상부 명나라 황족의 외척이니 조선에서도 함부로 할 수 없었다. 하지만 당시 조선의 가정에서는 딸이 공녀로 뽑히는 걸 막기 위해 갖은 방법을 다 동원했다. 열 살 전에 결혼시키기, 얼굴이 비슷한 여자를 사서 대리로 심사받기, 말짱했던 팔다리를 심사 기간 중에만 아픈 척하기, 없던 피부병 만들기 등…. 그러다 들통나면 부모에게 가혹한 매질과 함께 재산 몰수라는 형벌이 내려졌다. 하지만 이 모든 걸 감내하더라도 다들 공녀가 되는 것을 피하려 들었다.

이유가 뭘까? 답은 간단하다. 가면 죽는다. 그것도 비참하게 죽는다는 것이다. 급사 1명, 고문사 1명, 자살 2명, 참형 2명, 순장 2명 등 11살에서 19살의 어린 나이에 차출된 영락제의 후궁 8명은 모두 이렇게 죽어갔다. 무고와 참소, 그리고 순장! 이들의 비극적인 죽음을 보고 어느 부모가 딸을 보내고 싶겠는가?

안타깝게도 영락제의 손자 선덕제 또한 공녀를 요구했다. 황제가 요구하니 누군가는 가야 했다. 해서 후궁감으로 보내진 소녀는 8명이었다. 그중 마지막 공녀가 한씨다. 심지어 한씨는 영락제의 후궁 중 순장당한 한씨의 동생이다. 상황이 이러니 떠나는 한씨를 보며 사람들이 '산송장'이라 부를 만했다. 산송장이라 불린 한씨의 이름은 한계란, 여성으로서 보기 드물게 실록에 이름이 기록된 여인이다.

한씨 집안 인물이 꽤 좋았나 보다. 환관들이 선덕제에게 앞서 죽은 여비 한씨의 여동생이 예쁘다고 귀띔을 한 탓에, 선발이고 뭐고 없이 한계란은 바로 공녀로 낙점된다. 하늘이 무너지는 소식에 한계란은 식음을 전폐하고 몸져눕고 만다. 해서 한계란의 출발은 무기한 미뤄지고, 어쩌면 이대로 명단에서 빠질지도 모른다는 일말의 희망이 생겼다.

하지만 끙끙 앓고 있는 한계란에게 오빠 한확이 약사발을 내미니, 몸을 추슬러 떠나야 한다는 무언의 압력이다. 약사발을 노려보던 한계란은 있는 힘껏 오빠의 손을 밀쳐내며 소리소리 질렀다. 이미 누이 하나를 팔아 부귀를 누렸으면서 이제 하나 남은 여동생마저 죽일 거냐고! 한확이라고 동생을 보내고야 싶겠는가? 황제의 명을, 나라의 결정을 바꿀 수 없는 것이지. 그걸 모르는 한계란이 아니다.

한계란은 자신의 운명을 베듯, 칼로 자신의 이부자리를 갈가리 찢어버리고, 혼수품으로 미리 준비해 뒀던 것들을 미련 없이 친척들에게 나눠줘 버린다. 당찬 성격의 19살 한계란은 조선에서의 삶을 이렇게 정리하고, 죽음을 각오한 채 명나라로 떠난다.

그러나 산송장이라 불린 한계란은 74살까지 산다. 57년 동안 선덕제, 정통제, 경태제, 성화제라는 4명의 황제를 섬기며, 명황실의 지혜로운 여성으로 자리매김하면서 한계란은 명 황실의 빈첩들에게 '모사(姆師)', '여사(女師)', '노노(老老)'라 불리고, 죽어서는 공신부인이라 봉해졌다.

일단 운이 좋았다. 한계란이 공녀로 간 사이 명나라에서 순장제가 사라졌다. 물론 운만 좋아서 살아남은 건 결코 아니다. 한계란은 영민했고, 정치 감각도 뛰어났다.

한계란의 정치력은 조선과 명의 외교문제에서 빛을 발했다. 전례가 없는 회간왕(세조의 장남으로 성종의 친부이자 인수대비의 남편)의 추봉과 책봉을 받아냈다. 그리고 병기재료인 궁각, 즉 활을 만드는 재료는 조선에서 생산되지 않아 명나라에서 수입해야 했다. 조선인이 밀무역을 하다 걸린 이후 명나라에서 조선에 대한 궁각의 수출을 금지시켰다. 그러나 이때 한씨와 환관 정동의 도움으로 1백 50부를 수입할 수 있었다. 그리고 폐비 윤씨 일과 새 왕비 정현왕후 윤씨의 책봉을 무리 없이 받아냈다.

이 당시 노련하게 조선 왕실을 대변한 한씨가 없었다면, 명나라와 관련한 일련의 일들은 크게 문제시되거나 이뤄내기 힘들었을 것이다. 조선인 누구도 해내지 못한 결과를 얻어낸 한계란은 조선 초기 가장 뛰어난 로비스트였다. 물론 한계란은 일이 성사될 때마다 조선에 톡톡히 대가를 받았다. 한계란은 조선의 사신단에 꼭 한씨 집안 사람을 보내라고 대놓고 요구했고, 조정에 지속적으로 물품을 요구했다. 당연하고 정당한 요구였다. 사신으로 친정사람을 보내라 한 것은 황실에 친정의 위세를 보여줌으로써 자신의 입지를 더욱 단단히 하는 데 필요했다. 선물을 요구해 황제와 황실 내 사람들을 관리하는 데 요긴하게 사용했다. 사안이 하나씩 해결될 때마다 한계란이 요구한 물품의 양도 늘어났다. 나중엔 조선 조정에서 골머리를 썩일

정도였다. 하지만 처세에 능했고, 자신이 처한 상황을 잘 이용할 줄 알았던 한계란의 요구는 다음 수를 위한 현실적인 포석이었다. 죽음 자리로 내몰린 곳에서 보란 듯이 잘 살아낸 한계란, 조선을 위급함에서 구해주며 철저히 대가를 요구한 한계란, 그야말로 자신을 버린 조선에 진정한 복수를 한 것은 아닐까!

후흑의 삶을 살았던 한확은 부귀공명을 한껏 누렸지만 그의 인생 종말은 비참했다. 태종·세종 때 차례로 두 누이 동생을 공녀로 보낸 한확은 우의정과 좌의정 등 요직을 두루 거쳤다. 그가 간통을 저질렀을 때도 세종은 "내가 죄 줄 수 없는 사람"이라며 묵인할 수밖에 없었다. 사은사로 명나라에 가서 단종의 양위를 의심하는 추궁에 세조의 왕위찬탈을 양위(讓位)라고 설득시켰다.

세조의 책봉고명을 성사시킨 공로로 좌익공신 1등에 올랐다. 세조의 책봉고명을 받아 중국에서 돌아오던 중 병을 얻어 56세로 객사하였다. 그의 여섯째 딸은 인수대비로 덕종의 비이며 월산대군·성종의 어머니였다.

WASP

영국은 토지가 메마르고 농경지가 적어서 장남 외에는 자식에게 물려줄 토지가 없었다. 빈곤을 해결하기 위해 신천지 미국으로 떠났다. 라틴아메리카 지역과 비옥한 미시시피강 유역은 이미 스페인 영토였고 브라질도 포르투갈 영토가 된 지 오래였다. 주인이 없는 곳은 동부지역의 황무지뿐이었다. 1620년대 이후 동부에 대거 이주한 영국의 극빈층은 이곳을 뉴잉글랜드라고 이름 지었다. 이들은 신교를 믿는 청교도들이었다. 이들의 자손은 WASP(White Anglo-Saxon Protestant)라고 하는데 아메리카 합중국을 주도하는 핵심층이 된다. 이들은 인디언에게 민족 말살정책을 편다. 17세기 후반 인디언은 부족 간 동맹을 맺고 백인과 전쟁을 시작했다. 이 무렵 독일, 네덜란드, 북유럽에서 건너온 청교도들과 영국인들이 합세해 인디언을 몰아내는 정화운동을 벌였다. 조지 워싱턴은 식민지 군대사령관이 되어 인디언 마을 초토화사건을 실행했다.

고소원불감청(固所願不敢請)

조선의 경종과 영조는 숙종의 후궁소생이라는 공통점을 가진다. 경종은 장희빈의 아들이었고 영조는 무수리 출신 숙빈 최씨 소생이었다. 장희빈은 인현황후를 밀어내고 중전이 되기 전부터 숙종의 사랑을 얻기 위해 숙빈최씨와 치열하게 경쟁했다. 숙빈최씨는 인현황후를 방패 삼아 싸웠다.

숙종이 마음이 변하여 장희빈을 폐한 다음 인현왕후를 복위시켰다. 노론은 장희빈을 사사하려는 숙종의 뜻에 동조했다. 장희빈의 아들이 원자로 봉해진 이상 경종이 즉위하고 장희빈이 살아있다면 노론은 다 죽고 말 것은 명약관화한 사실이다. 장희빈을 죽인 숙종은 다음 조치로 노론의 손을 들어주었다. 숙종은 자신의 안질로 인한 병환으로 대리청정을 하겠다고 선포했다. 그리고 피바람을 막기 위해 연잉군(나중의 영조)을 대리청정하겠다는 의사를 노론의 영수 좌의정 이이명에게 표명했다. 노론으로서는 그야말로 감히 청하지는 못하나 원래부터 몹시 바라던 바였다. 이것이 고소원불감청의 의미다. 그러나 숙종은 후속조치를 못하고 죽음에 이르렀다. 경종이 즉위했다. 노론은 왕세제로 연잉군을 세울 것을 주청했고 이것이 받아들여졌다. 경종과 영조는 사사로이 음식을 나눠 먹을 만큼 친숙한 사이가 아니었다. 경종이 왕위에 있을 때 영조는 연잉군으로 불리는 왕세제 신분이었다. 경종의 대를 잇기 위해 왕세제가 되었다. 경종이 병환에 있을 때 영조는 게장과 생감을 경종에게 올렸다. 어의들은 게장과 감은 상극 음식이므로 들여서는 안 된다고 말렸으나 영조는 그것을 경종에게 올렸고 경종은 그것을 먹고 배탈과 설사를 했다. 영조는 이번에는 다시 인삼과 부자를 처방하자고 했는데 그것 역시 상극이었다. 결국 영조는 경종을 죽이기 위해 상극 음식을 올린 것이다. 특히 부자는 독성이 강하여 사약에 사용되는 성분이다. 경종은 재위 4년 만인 37세에 사망하게 되고 연잉군이 영조로 즉위했다. 노론은 칼을 들지 않은 조선 최초의 반정을 통한 정권교체에 성공하였다.

각 나라의 화폐 초상화

대만의 화폐 중 가장 많이 사용되는 지폐 100원에는 손문의 초상화가 있고 200원에는 장개석의 초상화가 있다. 그러나 중국위안화의 모든 지폐(1, 5, 10, 20, 50, 100 위안화)에는 오직 한 사람 모택동의 초상화가 있다. 지폐에 들어갈 초상화 후보로 공자, 장자, 이태백, 악비 등과 같은 인물이 거론되었지만 모택동으로 결정되었다. 모택동은 중국 공산당을 창당하고 평생 당대표로 있었고 모든 인민이 가장 잘 아는 인물이므로 위조가 불가능했다. 그러나 실제로는 기네스북에 최고학살자로 등재되어 있다. 가장 비극적이고도 야만적인 대약진운동과 문화대혁명을 통해 6천만 명을 학살했다. 그러나 수백 년 동안 잠들어 있던 중국 인민들의 혼을 일깨워 혁명의 대열에 동참케 한 것도 모택동이었다. 이처럼 모택동은 중국인들에게 '꿈과 좌절'을 동시에 안겨준 정치지도자였다. 손문은 중국현대화를 이룬 인물로 대만과 중국에서 국부와 같은 존재다. 미국의 화폐에는 1센트와 5달러에는 링컨, 5센트와 2달러에는 제퍼슨, 10센트는 프랭클린 루스벨트, 25센트와 1달러는 조지워싱턴, 50센트는 케네디, 10달러는 해밀턴 장관, 20달러는 잭슨, 50달러는 그랜트, 100달러에는 저술가 벤자민 프랭클린의 초상화가 그려져 있다. 9가지 지폐 중 7가지에 대통령의 초상화가 그려져 있다. 우리나라의 경우 천 원권에 퇴계 이황, 5천 원권에 율곡 이이, 만 원권에 세종대왕, 5만 원권에는 신사임당의 그림이 새겨져 있다.

중국 역사

1925년 손문이 죽자 중국은 국민당과 공산당으로 분열하여 장개석의 국민당과 재기를 노리는 모택동의 공산당으로 대립되었다. 1년 넘는 기간 동안 모택동의 대장정이 시작되었다. 1949년 10월 베이징의 천안문 광장에서 모택동은 중화인민공화국의 탄생을 선언했다. 장개석은 일본이 피부병이면 공산당은 마음의 병이라고 했다. 1937년 국민당과 공산당은 연합으로 일본에 맞섰다. 1945년 일본이 패망하자 중국을 차지하기 위한 국민당과 공산당의 일전이 시작되었다. 공산당이 승리하자 국민당은 타이완으로 건너가 중화민국을 건설했다. 모택동은 중화인민공화국을 설립하고 전면적인 개혁을 단행했다. 자유로운 지식인들의 공산당 비판이 시작되자 대약진운동으로 돌아섰다. 그러나 농촌을 군대식으로 개편하고 단행한 대약진운동은 실패했다. 대기근으로 1,000만 명이 사망하자 모택동의 권위는 추락했다. 다시 새로운 경제모델로 문화대혁명을 시작했다. 홍위병을 내세워 낡은 사상, 문화, 풍속, 관습 등을 철폐하는 대대적인 운동을 전개했다. 구 사회를 파괴하고 새 사회 건설의 구호를 외쳤지만 50만 명이 죽고 많은 지식인들이 자살했다. 문화대혁명 기간 동안 시대에 뒤떨어진다고 생각되는 공자는 비난의 대상이 되었다. 공자는 반동으로 분류되어 공자와 관련된 조형물 6천 개가 파괴되었다. 그들은 온 세상을 천하라는 이름으로 부르고 中華, 즉 문명이 확립되어 있는 영역과 제국 밖의 만이(蠻夷), 즉 문명이 덜 미친 영역으로 구분하였다. 주변의 만이가 중국의 기술을 습득하여 중국을 위협할 세력을 키우는 것은 언제나 일어날 수 있는 일이었다. 그럴 가능성이 있는 세력들을 조공-책봉관계로 묶어 중국에 대한 위협을 제거하는 정책을 펴나갔다.

미국의 진면목

제1차 세계대전 중 프랑스 총리였던 조르주 클레망소는 승승장구하던 미국을 다음과 같이 비판했다. "미국은 일반 국가들이 통상적으로 거치는 중간기 없이 기적처럼 야만에서 느닷없이 퇴폐로 향한 유일한 국가다.", "유럽인의 심리는 미국을 문화면에서 얕잡아 보는 경향이 있다.", "미국은 군사력과 경제력이 유럽보다 앞서지만 역사가 짧은 신흥국에 지나지 않으며 문화 성숙도 면에서 우리가 한 수 위다."

역사인식

헌팅턴은 "문명의 충돌에서 다양한 문명이 대립하고 충돌하는 이유는 문명의 본질이 종교에 뿌리를 내리고 있기 때문"이라고 말했다. 동양과 서양의 군주는 서로 다르다. 서양군주의 전형은 로마황제다. 서양의 최고권력자는 민중 앞에 모습을 드러내고 다양한 행사를 주관했다. 군주를 앞세우면서도 정신의 밑바탕에는 공화주의가 뿌리내렸다. 로마공화정의 의사결정은 다수결에 있지 않고 지도자의 권위와 정치력에 의해서 이루어진다. 정치학자 마시오는 "로마 역사 속에는 인류경험의 총체가 담겨 있다."라고 말했다. 로마가 과거 역사에서 저지른 많은 실수를 인류가 현재 역사에서 끊임없이 반복하고 있다. 과거 사건을 자신의 현재 문제로 받아들이는 것이 과거에서 배우는 가장 바람직한 자세다. 과거와 현재는 서로 연결되어 있으므로 과거 사건을 지금의 관점에서 살피고 역사에서 얻은 지식을 미래에 지혜롭게 활용할 방법을 모색해야 한다.

인류 역사

45억 년 전 지구가 탄생했고 그로부터 최초 생명체는 25억 년 뒤에 나타났다. 그리고 다시 그만큼의 시간이 지나자 1억 년 전 포유동물이 지구에 살기 시작했다. 당시에는 6,500만 년 전 멸망한 공룡이 살고 있었다. 그리고 다시 6,000만 년이 흐른 뒤 인간의 조상이 나타났다. 250만 년 전 초기 인류가 출현했지만 소위 호모 사피엔스가 대륙으로 확산된 것은 불과 10만 년 전이다.

구석기 시대의 인간은 약 500만 년 전 출현한 오스트랄로피테쿠스로부터 시작되었다. 그 후 손을 쓰는 사람으로 불리는 호모 하빌리스, 두 발로 걷는 사람인 호모 에렉투스, 그리고 지혜 있는 사람인

호모 사피엔스 등으로 이어졌다. 10만 년 전 출현한 인간은 그 이전
보다 지혜가 뛰어나 특히 호모 사피엔스 사피엔스라고 부른다. 대표
적인 호모 사피엔스를 네안데르탈인이라고 한다면 호모 사피엔스 사
피엔스는 크로마뇽인으로 현생 인류의 조상이 되고 있다.

[호모 사피엔스]

인간과 원숭이가 포함된 영장류의 특징은 엄지손가락과 나머지 손
가락이 서로 마주 보게 할 수 있으며, 앞뒤 좌우 손과 발에 각각 5개
씩의 손가락과 발가락을 갖고 있으며 손톱과 발톱이 있다. 손가락
끝단에 민감한 촉각을 지닌 피부가 있다. 눈구멍이 뼈로 둘러싸여
있다. 주둥이가 짧고 얼굴이 평평한 편이며, 시각에 비해 후각은 떨
어진다. 몸 크기에 비해 상대적으로 큰 뇌를 갖고 있다. 유인원은 특
히 큰 뇌를 갖고 있다. 대뇌 피질이 더 크게 분화되어 있다. 원시 포
유류보다 치아 개수가 상대적으로 적다. 맹장이 잘 발달되어 있다. 2
개의 유선(乳腺)이 있다. 보통 한 번에 한 마리의 새끼를 밴다. 수컷

생식기와 흔들거리는 고환을 가지고 있다. 몸통을 똑바로 유지하려고 하며, 이것이 두 발 보행을 하게 만든다. 10만 년 전쯤에 출현한 인류를 호모 사피엔스 사피엔스로 부르는 이유는 그 이전의 호모사피엔스보다 지혜가 더 뛰어나기 때문이다. 아프리카에서 탄생한 인류는 북상하여 지금의 코카서스 기슭에 도착했다. 거기서 오랫동안 생활하다가 세 무리로 나누어 이동하게 되었다. 한 무리는 남방으로 내려오면서 동쪽으로 갔다. 인도대륙으로 들어가 히말라야산맥의 남쪽 기슭을 우회하여 동남아시아 쪽으로 갔다. 베트남, 타이, 말레이시아, 인도네시아 등에 정착하거나 해로로 오스트레일리아 대륙으로 떠난 무리도 있었다. 5만 년에서 6만 년 전의 일이었다. 또 한 무리는 북방루트를 이용해 동쪽으로 갔다. 산맥을 통과해 시베리아로 들어간 집단이다. 이들의 여정은 가장 험난했다. 빙하와 추위를 견디고 식량 얻기가 어려웠을 것이다. 세 번째 무리는 서쪽으로 방향을 돌려 서유럽으로 들어갔다. 남쪽을 경유해 지중해를 우회하게 되었다. 4만 년 전에 유럽의 피레네산맥 기슭에 정착해 구석기를 사용하며 새로운 생활을 시작했다. 오늘날 남아있는 예술의 최초 흔적은 이 세 번째 무리로부터 발견되었다. 라스코 동굴벽화가 그것이다.

『수용소군도』를 통한 교훈

러시아의 문호 솔제니친은 모스크바대학을 졸업한 후 군에 입대해 포병장교로 최전선에서 복무하게 되었다. 2차 세계대전 당시 독일은 러시아를 침공하고 있었다. 그는 친구에게 스탈린을 비판하는 편지를 보냈다가 체포되어 죽도록 얻어맞은 후 시베리아 수용소로 보내졌다. 단지 독재자 스탈린을 '콧수염 남자'로 빗대 비판한 것이 전부다. 그가 수감된 수용소에는 모스크바 의대를 수석으로 졸업하고 열렬한 공산당원으로 스탈린을 존경했던 코튼이란 유대인이 있었다. 코튼은 한때 잘못으로 정치범이 되어 시베리아수용소에 수감되었다. 그가 하는 일은 병든 죄수들을 치료하는 일이었다. 어느 날 한 환자가 그에게 예수그리스도를 전했다. 그러나 공산주의자였던 그는 단호히 거절했다. 얼마 후 우연히 모진 고문으로 죽어가던 한 환자가 하는 기도를 들을 수 있었다. "하나님, 우리가 우리에게 죄지은 자들을 용서하오니 저를 받아주옵소서. 저들의 죄를 용서하여 주옵소서." 코튼은 죽어가면서 자신에게 모진 고문을 가했던 사람을 용서하는 이 기도를 듣고서 충격에 빠졌다. 얼마 전 한 환자로부터 받은 전도가 생각나서 죽은 자가 두고 간 성경을 읽기 시작했다. 결국 예수그리스도를 영접하고 그리스도인이 되었다. 이때부터 코튼은 환자들에게 열심히 예수그리스도를 전하게 되었다. 또한 환자에게 돌아갈 음식을 중간에서 가로채는 자들로 인해 환자들이 영양실조에 걸린다는 사실을 알게 되었다. 코튼은 이러한 비리를 고발하고 잘못된 관행을 바로잡고자 동분서주했다. 이 일로 인해 불의한 자들로부터 협박과 위협을 당하게 되었지만 굴하지 않고 성심성의껏 환자들을 돌보았다. 어느 날 대장암에 걸린 한 환자를 마취 없이 수술하게

되었다. 열악한 의료시설로 인해 마취도 하지 않은 채 수술을 해야
했다. 환자는 엄청난 고통 속에 괴로워했다. 안타까운 심정으로 최
선을 다해 수술을 마친 후 환자에게 예수그리스도를 전했다. 그날
밤 숙소로 돌아가는 길에 코튼은 앙심을 품은 자들로부터 살해되고
말았다. 코튼이 마지막 예수그리스도를 전한 사람이 바로 솔제니친
이었다. 그는 시베리아 수용소의 온갖 만행과 불의를 글로서 세상에
알리게 되었는데 이 책이 『수용소군도』다. 알렉산드르 솔제니친은
이 책으로 1970년 노벨문학상을 받았다. 그는 이 작품으로 인해 러
시아에서 반역죄로 추방되었고 1974년 망명길에 올랐다. 그 후 1994
년 소련연방이 붕괴된 후 20년 망명생활을 청산하고 러시아로 돌아
와 시민권을 회복하였다. 러시아는 스탈린 시대가 종말을 고하고 그
후 고르바초프에 의한 국가이념의 대전환을 맞이하게 되었다. 개혁
과 개방정책으로 알려진 글라스노스트와 페레스트로이카 정책이 시
행되었고 러시아 국민들은 새로운 인식을 하게 되었다. 2009년에는
러시아 교과서에도 『수용소군도』의 내용 일부가 수록되었다. 푸틴
러시아 총리는 솔제니친의 『수용소군도』를 학생들의 필독서라며 치
켜세웠다. 또한 "이 책에 대한 지식 없이는 러시아를 완전히 이해할
수 없으며, 미래에 대해 생각하기 어렵다."라고까지 말했다. 『수용소
군도』는 공산주의라는 병적인 시스템의 폭정을 뿌리째 뒤흔들어 놓
았다. 얼마 지나지 않아 솔제니친의 용기로 인해 공산주의는 완전히
붕괴되었다. 솔제니친은 **"공산주의는 치료할 수 없는 미치광이 병"**이
라고 비판했다.

지금 전 세계적으로 창궐하고 있는 코로나바이러스는 무서운 전염병임에 틀림없다. 하지만 그보다 더 잔혹한 미치광이 병은 공산주의라는 질병이다. 코로나바이러스는 백신이 개발되면 곧 진정될 유행병이지만 공산주의란 질병은 영원히 치료가 불가능한 악질병이다. 칼빈은 "국민이 우매하면 우매한 지도자를 세우고 국민이 지혜로우면 현명한 지도자를 선택한다."라고 말했다. 그런데 선조, 인조 그리고 고종이 각각 임진왜란, 병자호란, 한일합방 등에서 보여준 우매한 지도력은 국민을 구렁텅이에 몰아넣었다. 우리는 전 세계에서 IQ가 가장 높은 국민이 아닌가? 윤치호는 "한국 국민은 10%의 이성과 90%의 감성으로 행동한다."라고 말했다.

로마

로마는 늘 이율배반적인 모습을 보였다. 공화정으로 시작했지만 민주주의를 실현하지 못했고 부자인 귀족이 지배했지만 가끔 가난한 평민에게 정권을 넘겨주었다. 상원의원과 집정관은 귀족 출신만이 임명되었다. 계속된 전쟁으로 노예는 넘쳐났으며 평민은 아무 혜택을 받지 못하고 빈부격차는 커져만 갔다. 법률이 있었지만 무용했고 강탈, 타락, 잔인성이 로마 지배체제의 특정이 되었다. 매관매직, 뇌물이 횡행했다. 재산박탈법으로 국민들의 땅을 수탈했고 10%의 고리대금업이 귀족들의 특권이었다. 소액채무자들은 채무불이행으로 어린이를 노예로 파는 일이 다반사였다. 반대파를 사정없이 숙청했고 이로 인해 세 번의 노예폭동과 세 번의 전쟁이 일어났다.

"카이사르가 루비콘강을 건넜다."라는 명제와 "예수가 물 위를 걸었다."라는 명제에 대해서 철학자 로크는 전자는 실제로 일어난 사건이므로 이성적으로 확인되지만 후자는 초자연적인 현상으로 인간의 이성범위를 넘어선 주장이므로 철학의 판단대상에서 제외된다고 주장했다.

기원전 47년, 율리우스 카이사르가 폰토스 국왕 파르나케스를 젤라 전투에서 승리한 후 원로원에 간단한 편지를 보냈다. 쓸데없는 서술을 과감히 생략한 카이사르 특유의 거두절미의 표현이다. 직역하면 "왔노라, 보았노라, 이겼노라.(I came, I saw, I conquered.)"와 같은 간단한 문구다. 스탕달은 "살았노라, 썼노라, 사랑했노라."라고 소설가로서의 자신의 삶을 요약했다.

폐하명칭

陛下(폐하)란 명칭은 기원전 3세기 진나라 시황제 때부터 쓰이기 시작했다. 陛(폐)의 의미는 황제가 사는 궁전으로 통하는 계단을 의미한다. 황제는 그 계단 위에 있으니 폐하가 아니라 폐상이 되어야 할 것이다. 그런데 왜 폐하라고 부르는가? 당시 사람들은 황제에게 직접 말을 걸지 못했다. 황제의 시종을 통해서만 황제에게 말을 걸 수 있었다. 이 시종은 궁전의 계단 아래 대기하고 있다. 그래서 폐하, 즉 '계단 아래 있는 자'를 통해 황제에게 아룁니다'라는 의미에서 폐하라고 부르게 된 것이다. 마찬가지로 황제의 아들에게는 殿下(전하), 황족과 중신에게는 閣下(각하), 최고 성직자에게는 聖下(성하), 불교의 고승에게는 猊下(예하)라고 부른다. 그밖에 편지를 보낼 때는 상대방에 대한 존중을 표하는 의미에서 귀하를 붙인다.

미국의 1차 · 2차대전 참전

미국은 1차대전 때 유럽과 적당한 거리를 두고 관망했다. 그 이유는 미국은 유럽에서 건너간 사람들의 도가니였으며 그 때문에 유럽에서 일어난 전쟁에 어느 편도 들지 못하는 형편이었다. 오랫동안 중립을 취했고 1823년 먼로 대통령의 먼로독트린 이후 우드로 윌슨 대통령은 전쟁에 끼어들지 않았다. 그러다가 독일 잠수함이 미국상선을 공격하여 미국의 해상무역을 방해하기 시작했다. 이 일로 미국은 1917년 연합국에 가담하여 제1차 세계대전을 승리로 이끌었다. 그후 루스벨트는 미국의 반전여론에 힘입어 1940년 2차대전 불참을 공약으로 3선 대통령에 당선되었다. 그런데 일본이 진주만 폭격으로 싸움을 걸었고 결국 미국은 유럽전쟁에 참전할 수밖에 없었고 2차대전이 발발했다. 2차세계대전 당시 미국의 GNP는 일본의 12배, 철강은 일본의 12배, 자동차 보유대수는 160배, 석유는 776배였다. 이러한 물질적 차이를 일본은 야마토정신[20]으로 극복하고자 했다. 국민을 하나로 결집시키기 위해 위기를 강조했다.

2차대전에서 미국은 독일과 일본에 대해서 무조건 항복을 요구하며 강경책을 썼다. 우리 입장에서는 루스벨트의 강경책이 다행일 수 있다. 만일 항복조건을 완화했다면 일본은 한국·대만·중국의 해외 영토를 남겨달라고 요구했을 가능성이 있다. 트루먼 대통령 때 애치슨 국무장관이 선언한 애치슨선언으로 6·25 참화를 가져왔다.

2차대전 당시 루스벨트는 1차대전에서 얻은 교훈에 얽매여 있었다. 1차대전은 휴전이라는 형태로 전투가 중지되었다. 독일이 1918년 11월 전투중지를 받아들인 것은 미국 윌슨 대통령이 제시한 11개조 평화원칙의 내용이 온건하다고 판단했기 때문이다. 그러나 1919년 파리 강화회의에서 윌슨이 제창한 이상주의적인 조건은 영국과 프랑스의 반대로 취소되었다. 이에 독일은 처음의 휴전조건과 강화회의의 결론이 다르다고 미국에 항의했고 1차대전이 끝난 뒤에도 휴전에 응하지 않은 편이 나았을 것이라고 생각했다. 결국 독일은 미국에 선전포고를 했다.

히틀러가 소련을 침공한 이유는 **우크라이나의 곡창, 코카서스의 유전, 시베리아의 산림, 그리고 우랄의 지하자원이 탐났기 때문이다.** 전쟁의 명분이 탐욕으로 점철되면 그 전쟁에서 이길 수 없다. 베트남전쟁도 마찬가지다. 미국의 장성들은 베트남전쟁의 명분을 알지 못했다. 그 결과 베트남전쟁은 미국의 유일한 패배전쟁으로 역사에 기록되고 있다. 미국은 두 야수에 대해서 반공(소련)과 반파시즘(독일) 전략을 가지고 있었다. 그래서 독소전쟁에서 미국이 바랐던 것은 최대한 서로를 많이 파괴하기를 원했다. 이것이 인류문명에 도움이 되리라고 생각했다.

한국전쟁은 미국이 주도하지 못하고 흐지부지 끝낸 전쟁으로 잊혀진 전쟁이란 오명을 가지고 있다.

새로운 원죄 자본주의

스페인 화가 고야의 이빨사냥꾼이라는 판화가 있다. 이 판화는 교수형을 당한 사형수의 이빨을 뽑는 여인을 묘사하고 있다. 자신의 목적을 달성하기 위해서는 수단과 방법을 가리지 않는 여인과 죽어서 이빨마저 뽑히는 사형수를 극명하게 대비하면서 근대사회의 삐뚤어진 인간상을 고발하고 있다. 성경에서도 이런 모습이 존재한다. 십자가에서 처참하게 죽어가는 예수의 옷을 그 밑에서 나누어 가지는 로마 군인의 모습은 고야의 판화와 다르지 않다. 효용을 극대화하기 위해서는 인간은 어떤 행동도 할 수 있음이 전 세계적으로 증명된 셈이다.

우리나라는 여기서 자유로울 수 있을까? 연합뉴스(2020년 5월 14일)에 의하면 부산의 한 장례식장 영안실 시신에서 금니 10개를 뽑아 금은방에 팔아넘긴 장례지도사가 경찰에 구속되었다. 새벽 3시경 장례식장의 시신 안치실에 누군가가 침입하는 모습이 CCTV에 포착된 것이다. 범인은 시신보관 냉장고를 열고 시신 3구에서 미리 준비한 공구로 금니 10개를 뽑았다고 자백했다. 올해 일어난 사건이므로 CCTV가 없었던 과거에는 이런 일이 얼마나 많이 일어났을까 생각하면 소름이 끼친다. 괜히 돌아가신 선조에게 못 할 짓을 하지나 않았나 죄스러움을 금할 수 없다.

인류는 하나님의 뜻을 거역한 원죄로 낙원에서 쫓겨났다. 척박한 환경에서 살면서 인간은 에덴을 그리워하며 본향으로 돌아가려는 간절한 마음을 가지게 되었다. 에덴동산에서 쫓겨난 인간은 세상에서 자본주의라는 제도를 만들었다. 자본주의는 재화의 사적소유권을 개인이 가지는 경제체제다. 따라서 자본주의하에서는 각자가 이기적인 욕구를 채우기 위해 경쟁심을 극대화한다. 에덴은 모든 것이 주어진 낙원이다. 이기심이나 경쟁심을 가진 인간은 이곳에 올 자격이 없다. 결국 인간은 자본주의라는 또 다른 원죄로 인해 본향으로 돌아갈 수 없는 신세가 되어버렸다. 원죄로 버림받은 인간이 또 다른 원죄로 영원히 낙원을 소유할 수 없는 비참한 운명에 처하게 되었다.

바이킹

스칸디나비아 출신의 용맹스러운 바이킹족은 콜럼버스보다 500년 앞서서 1,000년 즈음에 아메리카대륙을 발견했다. 캐나다 북동해안에 바이킹 거주지가 발견되었다. 원래 직업이 해상무역상인이었던 이들은 상품을 싣고 해상무역을 하는 것보다 약탈하는 것이 훨씬 수익이 많음을 알게 되자 바이킹으로 직업을 바꾸었다.

페르시아 전쟁과 마라톤

기원전 492년 페르시아는 그리스를 침략했다. 페르시아는 바다에서 허리케인이 몰려오는 바람에 전쟁에서 패했다. 2년 후 아테네 교외의 마라톤평원에서 2차전쟁을 일으켰다. 그리스는 1만 명의 병사가 전장으로 향했다. 그리스 군대는 몇 배나 되는 페르시아군을 물리쳤다. 역사학자 헤로도토스는 페르시아전쟁에서 죽은 군사는 그리스 172명, 페르시아 6,400명이었다고 기록했다. 지휘관은 아테네 시민들에게 승리의 소식을 알리기 위해 부상을 당한 한 병사에게 한시라도 빨리 이 소식을 전하라고 명령했다. 42.195km를 뛰어간 거리를 마라톤 경기로 정했다.

미국 국기

미국의 국기 도안은 건국 이래 2백 년 동안 20번 바뀌었다. 평균 11년에 한 번꼴로 바뀌었다. 미국의 주가 늘어날 때마다 국기의 별과 가로 줄도 하나씩 늘어났고 이에 따라 별의 배열도 바뀌었다. 미국

[미국 국기]

의 국기 또는 성조기는 13개의 붉고 흰색이 번갈아 가며 가로로 그어진 바탕에 그리고 왼쪽 위편에 그려진 사각형 안에 50개의 흰색의 별로 구성되어 있다.

알래스카주와 하와이주가 마지막으로 포함되면서 50개의 별로 늘어났다. 성조기에 있는 50개의 별을 배열하는 방식은 $6 \times 5 + 5 \times 4 = 50$으로 정했다.

13개의 붉고 흰 줄은 미국의 초기 연방국에 가입한 연방주를 뜻하며 50개의 별은 오늘날 미국의 총 연방주의 수를 뜻한다.

장진호 전투

지난 2007년 85세로 별세한 시몬스 전 준장은 평균 영하 30도를 밑돈 당시 한파는 2차 세계대전 때 유럽 전역의 동계전투들과 비교

해도 미군이 전혀 직면해보지 못한 전장 환경이었다며, 진정한 적은 중공군이 아닌 추위 그 자체였다고 말했다.

모스크바의 강추위를 비웃기라도 하듯이 심심하면 아침 최저 기온 영하 30도를 오르내리는 강추위가 닥치기 시작했고, 가장 추운 날에는 아침 최저 기온이 영하 45도를 기록한 적도 있었다. 미처 방한복을 제대로 준비하지 못했던 미군은 옷을 껴입더라도 동상자가 속출했다. 양군의 사상자는 교전보다 이 강추위 때문에 훨씬 많이 발생했다. 추위로 따지자면 장진호 전투는 모스크바 전투나 스탈린그라드 전투보다 더 추웠다.

[장진호 전투]

출처: Wikimedia Commons, the free media repository

스탈린그라드 전투에서 영하 30도 이하는 전투 기간 내내 딱 한 번 기록되었다. 장진호 전투에서 유엔군은 1천 29명 전사, 4천 582명 부상, 중공군은 3만여 명의 사상자와 4천여 명의 동사자를 낸 것으로 추산된다. 존스홉킨스대학의 제임스 퍼슨 교수는 당시 상황을 두고 철수라는 측면에서는 패배지만, 나중에 다시 싸울 수 있는 기회를 얻었다는 측면에서는 성공한 철수였다고 평가했다. 결국 유엔군 사령부는 중공군에 포위 섬멸당할 것을 우려해 1950년 12월 8일, 장진호에서 철수해 함흥, 흥남 지역으로 집결하라는 명령을 내렸다. 장진호 전투는 17일간 영하 30도의 혹한 속에서 미 제1해병사단 1만 5천 명이 중공군 7개 사단 12만 명의 포위망을 뚫은 대격전을 말한다. 이 전투로 미군은 1만 5천 명 중 4,500명이 전사하고 7,500명이 부상을 입었으나 흥남철수를 성공적으로 수행, 10만 명의 양민을 무사히 피난시킬 수 있었다. 장진호 전투를 기리는 기념비엔 특별한 별 장식이 달려 있다. 바로 '고도리의 별(Star of Kodori)'이다. 미 해병대원에게 '기적의 별'로 통하는 고도리의 별은 장진군 고토리(古土里)에서 숫자가 10배나 많은 중공군에 둘러싸인 절체절명의 위기에서 밝은 별이 뜨면서 포위망을 극적으로 뚫은 것을 기념한 것이다. 1950년 11월 27일 장진호 주변에 포진한 미 제1해병사단은 인해전술로 밀고 내려온 12만여 명의 중공군에게 포위되어 있었다. 낮에는 영하 20도, 밤에는 영하 30도의 혹한에서 전투를 거듭한 제1해병사단은 40km의 빙판길을 헤치고 장진호 주변의 고토리라는 작은 마을에 진입할 수 있었다. 11월 30일 오후부터 살을 에는 듯한 강추위와 함

께 몰아친 눈보라는 밤이 되도록 그칠 줄을 몰랐다. 중공군의 포위
망을 뚫지 못하면 1만 명의 해병은 몰살할 위기에 처했다. 해병1사단
장은 전 부대원에게 전심으로 하나님께 날씨가 개이도록 기도하라고
명령했다. 리차드 케리 장군은 "그날 밤은 섭씨 영하 30도로 엄청난
강추위가 몰아쳤고 눈보라로 전투기 공격작전이 어려웠다. 전 해병대
원이 전심으로 하나님께 눈보라가 그치고 날씨가 맑아지도록 기도했
다. 그러자 얼마 안 되어 거짓말처럼 하늘이 열리며 큰 별이 빛나는
게 아닌가? 도저히 포위망을 뚫을 수 없을 것 같았을 때, 갑자기 눈
보라가 멈추고 하늘이 열렸다. 그리고 영롱한 별이 빛나기 시작했다.
해병대원들은 감격의 함성을 질렀고 용기백배하여 중공군의 포위망
을 뚫을 수 있었다."라고 회고했다. 하늘이 개이자 공군 전폭기들이
날아와 해병1사단을 엄호했고 마침내 포위망을 뚫을 수 있었다. 이
전투로 중공군의 남하를 지연시켜 군인 10만 명, 민간인 10만 명의
역사적인 '흥남 철수'가 이뤄질 수 있었다.

미국에서 출간된 한국전쟁에 관한 다수의 책 가운데는 반드시 장
진호(Chosin Reservoir) 전투가 상세하게 설명되어 있다. 미국의 조지
W. 부시 대통령은 다음과 같이 이 전투와 미국 해병대를 칭송했다.
"한국전 당시 미국 제1해병사단은 북한의 장진호 부근에서 중공군
10개 사단에 포위됐지만 적의 7개 사단을 격파하는 대승을 거둬 해
병대의 위대한 전통을 세웠다. 역사상 유명한 동계 전투는 많지만
한국 전쟁 당시의 장진호 전투는 결코 빼놓을 수 없다." 사계절이 뚜
렷한 한국에서 겨울의 강추위가 지나고 여름이 되자 이번에는 혹한

이 닥쳤다. 낙동강 전선에서는 35도가 넘는 끈적하고 극심한 더위로 시체 썩는 냄새가 진동하였다. 백선엽 장군의 1사단 방어진지를 인수해야 하는 미군이 "시체 다 치우고 가라, 그렇지 않으면 인수 안 하겠다."라고 한 건 유명한 일화다. 반면에 장진호 전투에서는 산더미처럼 시체가 쌓여 있었지만, 강추위로 시체가 얼어붙어 냄새가 전혀 나지 않았다. 국토 면적이 캘리포니아주의 절반이고 텍사스주의 3분의 1밖에 안 되는 조그마한 나라 한국, 그것도 삼면이 바다인 나라가 왜 이렇게 덥고 추운지 미군으로서는 이해가 되지 않았다고 한다. 결국 1950년 미군은 예상에도 없던 지독한 혹서기, 혹한기 전투를 6개월 안에 모두 경험하게 된 것이다. 오죽하면 2018년 미 해병대 사령관 로버트 넬러 대장이 "한반도는 여름에는 덥고 겨울에는 추운데다 가파른 지형까지 갖추어 훈련하기 좋은 장소"라고 평했다.

게다가 모든 차량, 전차는 최소한 두 시간에 한 번씩 엔진을 작동시켜서 데워주지 않으면 냉각수에 배터리까지 모조리 얼어서 터져버리고, 수냉식 기관총도 냉각수를 넣으면 얼어서 터지므로 아예 냉각수를 넣지 못했는데, 냉각수 없이 연사해도 과열이 되지 않고 금방 방열이 될 정도로 날씨가 추웠다고 한다.

30-50 클럽

30-50 클럽은 국민소득 3만 불에 인구 5천만 명 이상 국가들의 모

임이다. 경제적으로 풍요롭고 민주적 정치질서를 구가한다고 여겨지는 국가 사이의 모임을 말한다. 한국은 인구 5천만 명 이상인 국가 가운데 7번째로 국민소득 3만 달러 문턱에 들어섰다. 일본, 독일, 미국, 영국, 프랑스, 이탈리아, 한국이 30-50 클럽 회원국이다. 한국은 전 세계 모든 국가를 대상으로 1인당 국민소득에서 38위다. 36년간의 식민지 지배시기를 거친 뒤, 전 국토를 폐허로 만든 전쟁까지 겪은 나라가 그 뒤 70년 만에 전 세계에서 손꼽히는 부국이 된 나라는 한국이 유일하다.

타산지석

세계사에서 폭군이라고 하면 로마제국의 네로황제와 중국의 수나라의 양제를 들 수 있다. 중국인에게 폭군하면 떠오르는 인물은 하나라의 걸왕과 은나라의 주왕이다. 주왕은 달기라는 미녀에게 빠져들고 가혹한 세금을 백성에게 부과했다. 연못에 술을 가득 채우고 나무마다 고기를 걸어놓고 남녀가 벌거벗고 뛰어다니며 방탕하게 놀았다. 이를 酒池肉林(주지육림)이라고 말한다. 수양제는 완벽하게 폭군의 모든 조건을 갖추고 있었다. 대규모 토목공사와 무리한 고구려 원정 등으로 폐국에 이르게 되었다. 그러나 수양제의 업적으로 대운하를 건설한 것을 들 수 있다. 부친 수문제는 23년에 걸친 치세 동안 남조의 진을 멸망시켜 150년 동안 계속되었던 남북조 시대의 막을 내리고 통일왕국을 이루었다. 그러나 수왕조는 3대 38년으로 마감된 나라다. 당태종은 수양제를 他山之石(타산지석)으로 삼아 중국 사람들이 가장 존경하는 명군이 되었다. "수의 백성은 고통으로 견딜 수 없었지만 당의 백성은 그 유익함에 어쩔 줄 몰랐다."라고 역사서에 기록되어 있다. 그 이유는 바로 앞 시대의 실패한 수양제를 보면서 더욱 자신을 채찍질하며 反面敎師(반면교사)를 이룬 결과다. 반면교사는 다른 사람의 잘못된 일과 실패를 거울삼는 것을 말한다. 타산지석은 비록 다른 사람의 하찮은 언행일지라도 가르침을 얻을 수 있다는 의미다.

賞(상)과 職(직)

사마천이 저술한 중국의 역사서 史記(사기)는 200년간 중국 역사에 등장하는 오만군상의 인간상을 묘사하고 있다. 그러나 사마광이 쓴 『資治通鑑(자치통감)』은 '제왕의 나라 다스림(治)에 도움(資)이 되고 동서고금을 통하여(通) 거울(鑑)이 되는 책'으로서 오직 군왕을 위한 지침서다. 『자치통감』은 중국의 천년 역사 가운데 수많은 군왕들의 잘한 일과 잘못된 일을 서술한 역사서다. 이 책은 당태종의 『정관정요』와 함께 제왕학 서적으로 여겨진다. 사마광의 『자치통감』은 전국 시대부터 송나라 건국 이전까지 1362년간의 중국 역사를 294권에 수록했다. 조선의 세종은 이 방대한 자치통감을 완독했으며 중국의 모택동은 17번이나 읽었다고 한다. 한 나라를 다스리는 군왕은 어느 시대를 불문하고 "功(공)을 세운 자에게는 賞(상)을 내리고 德(덕)을 가진 자에게는 職(직)을 내린다."라는 교훈이 있다. 고려를 세운 왕건은 개국에 공을 세운 사람들을 3등급으로 구분하여 상을 내렸다. 조선의 태조 이성계도 조선개국에 공을 세운 정도에 따라 등급을 정하고 토지, 노비, 금 등의 상을 하사했다. 그러나 영의정이나 재상들을 선발할 때는 과거시험이나 덕을 가진 자들 가운데서 선택했다. 그러나 오늘날 대통령은 당선에 공을 세운 자들에게 상을 내리는 대신 직을 보장해 준다. 과거 군왕의 도를 거꾸로 시행하고 있음을 볼 수 있다. 또한 채근담에 '대인춘풍 지기추상(待人春風 持己秋霜)', 즉 '남을 대할 때는 봄바람처럼, 자신을 대할 때는 가을 서리처럼 하라'라는 가르침이 있다. 공자도 "군자는 제 잘못을 생각하고 소인배는 남을 탓 한다."라고 했다. 대부분의 리더들이 반대로 행동한다. 즉 '대인추상 지기춘풍(待人秋霜 持己春風)'이다. 리더 자신에게는 무한히 관대하고 남을 판단할 때는 추상같이 하는 것이다.

역사의 역할

역사가 하는 가장 적합하고 주된 역할은 "과거 일에 대한 지식을 통해 사람들이 현재에 더욱 분별있게 처신하고 선견지명을 가지고 미래를 준비하도록 이끌어 주는 것"이다. 17세기 사상가 토머스 홉스의 말이다. 역사는 많은 사건들로 이루어져 있지만 각 시대의 특성과 변천과정을 이해할 때 역사를 이해하게 된다. 역사는 사건들의 나열이 아니라 서로 연결되어 있는 생명체로 구성되어 있다. 괴테는 "지난 3,000년 역사를 활용하지 못하는 사람은 하루살이 같은 인생을 살 뿐이다."라고 말했다. "욕망이 갑절이 되면 사랑이고 사랑이 갑절이 되면 광기다."라고 철학자 프로디쿠스가 말했다.

역사의 뿌리는 현생 인류 출현 이전의 과거에 있으며 이것이 언제부터인지를 파악하는 것은 어렵지만 중요한 일이다. 100년을 1분으로 기록하는 커다란 시계를 상상해보자. 유럽인들이 아메리카 대륙에 정착한 것은 불과 5분 전의 일이다. 그보다 15분 전 기독교가 등장했다.

독일에서 종교개혁이 일어난 이유는 무엇일까?

첫째, 오래전부터 독일은 로마에 원한을 가졌다. 독일황제와 로마교황의 대립. 왕권이 강한 다른 유럽 국가들은 로마교황의 탐욕으로부터 자국 백성을 지켜주었지만 독일은 황제가 허수아비였기 때문에 주교나 수도원장의 말 한마디가 절대적이었다. 르네상스 시대 교황들이 대규모 성당을 지으려고 거액의 모금을 하자 원성이 높았다.

둘째, 독일의 인쇄술이 발달하여 북유럽 지역에서 책값이 가장 쌌고 라틴어를 배운 사람이면 누구나 성경을 가지고 있었다. 교회법으로 금지된 가족끼리 모여앉아 성경을 읽었으며 신부들이 설교한 내용과 상당히 다른 부분을 국민들이 알게 되었다.

미국의 태평양 마셜군도에서의 핵실험

1946년부터 1958년까지 12년 동안 태평양 한가운데 자리한 산호섬 비키니섬에서 23번의 원자폭탄실험이 이루어졌다. 폭발의 규모는 4,200만 톤에 달했다. 예전 섬의 모습은 흔적도 없이 사라졌다. 집과 배는 파괴됐고 토양과 바닷물은 오염됐으며 주민들의 삶은 망가져서 영영 되돌릴 수 없게 되었다. 원주민은 마셜제도로 불리는 이 섬에서 3,000년 동안 평화롭게 살아오고 있었다. 공교롭게도 실험이 시작된 1946년에 프랑스에서는 그 산호섬과 같은 이름의 수영복인 비키니가 등장했다. 스페인이 형식적으로 마셜제도를 지배하다가 실질적 지배는 독일에게 넘어갔다. 산호섬 여기저기에 무역 거점을 세웠다. 루터교 선교사들을 앞세워 독일의 식민지가 되어 황제의 통치를 받으면 훨씬 안락한 미래가 보장될 것이라고 주민들을 설득했다. 하지만 1차대전에서 독일이 패하자 승리한 연합군 행세를 하던 일본이 이 섬의 지배자가 되어 일본어를 가르쳤다. 곧이은 2차대전에서 일본이 미국에 패하자 이제는 마셜제도의 지배권이 미국으로 넘어갔다. 당시 미국은 전 세계에서 원자폭탄을 소유한 유일 국가였으며 소련은 개발 단계에 있었다. 2차대전이 끝날 무렵 원자폭탄은 세 번 폭발했는데 뉴멕시코 사막에서 첫 번째 시험폭발이 있었고 히로시마와 나가사키에서 실제로 두 번 투하되었다. 곧이어 소련이 최초의 원자폭탄 실험에 성공했다. 트루먼은 3억 달러의 예산을 원자력위원회에 배정하고 1950년 1월 수소폭탄 개발을 명령했다. 수소 핵융합과는 비교할 수 없을 만큼 막강한 폭탄을 만들기 시작했다. 과학자들은 가공할 무기 개발에 혐오감을 느꼈다. 그러나 국방부 관리들은 소련의 원폭 실험 성공과 신무기 개발 가능성을 고려했을 때 미국이 군사력에서 앞서가기 위해서는 신무기 개발이 필요하다고 주장했다. 트루먼 대통령은 그의 임기 중에 가장 기억될 만한 결정을 내렸다. 수소폭탄 개발을 승인했다. 수소폭탄(Hydrogen Bomb)과 원자폭탄(Atomic Bomb)은 다르다. 원자폭탄은 원자를 구성하는 핵을 쪼개어 생긴 에너지를 이용하는 반면 수소폭탄은 오히려 핵을 합쳐 발생시킨 에너지로 폭발력을 만든다. 우라늄처럼 무거운 원자는 중성자로 때린다든지 하는 특별한 상황이 되면 핵이 쪼개져 질량이 상이한 다른 원자들로 바뀔 수 있다. 이때 아인슈타인의 질량-에너지 등가 공식($E = MC^2$)에 따라, 원자 하나당 2억여 전자볼트의 에너지가 발생한다. 이를 핵분열이라 하고 급속하게 진행하도록 한 것이 원자폭탄이고, 서서히 분열하도록 한 것이 원자력발전소의 원자로다. 수소폭탄은 반대로 가벼운 수소 핵들이 서로 합쳐지면서 핵분열 때보다 훨씬 큰 에너지가 발생한다. 수소폭탄은 원자폭탄보다 수백 배 파괴력을 가진다. 태양은 이 수소 핵융합에서 에너지를 공급받아 유지되고 있다. 현재 수소폭탄을 개발한 나라는 미국·영국·중국·프랑스·북한 등 6개국이다.

트루먼은 국방부에 더 많은 원자폭탄을 개발하고 실험을 통해 완성도를 높이라고 명령했다. 실험은 해군의 책임하에 시행되었다. 그 이유는 바다에 떠 있는 항공모함과 전함이 원자폭탄에 가장 취약하기 때문이다. 육군은 지하벙커로 피하면 되지만 해군은 속수무책이기 때문이다. 전쟁 중에는 폭탄개발을 위해 비밀리에 진행된 맨해튼 프로젝트의 성공으로 핵무기 개발의 기반이 마련되었다. 그러나 더 완전하고 강력한 폭탄개발을 위해서는 추가 실험이 필요했고 장소는 미국의 실질적인 영토인 마셜제도 내의 비키니섬으로 최종 결정됐다. 해군 중장 와이엇은 주민들을 설득하여 이주시키기 위해 출애굽기 13장을 인용했다. 하나님이 이집트 밖으로 이스라엘 민족을 인도할 때 불기둥과 구름기둥으로 앞길을 비추어주었다는 성경 내용을 아전인수격으로 끌어왔다. 순진한 주민들은 자신들이 하나님의 선택받은 이스라엘 민족이 되었다는 착각으로 순순히 고향 땅을 떠나기로 작정했다. 주민들은 해군함정에 짐을 싣고 200km 떨어진 토양이 척박하고 환경이 열악한 조그마한 산호섬으로 이주했다. 그 후 수차례에 걸친 핵실험으로 섬은 황폐화 되고 끔찍한 방사능 유출사고가 발생했다. 낙원이었던 비키니섬은 폐허가 되어 죽음의 섬이 되었다. 비록 미국은 비키니섬 주민에게 어마어마한 보상을 했지만 수천 년간 살아왔던 낙원을 버리고 다른 장소로 흩어졌다. 일부는 방사능 오염으로 죽거나 심각한 병에 시달렸다.

백제와 고구려 전성기

백제는 16대 근초고왕 시절인 4세기 중엽 최고의 전성기를 누렸다. 근초고왕은 고구려를 공격하여 고국원왕을 전사시켰다. 근초고

왕은 이전까지 형제 사이에서 주고받던 왕위를 처음으로 부자 간 계승으로 바꿔 평양성 공격에 참여한 세자 근구수에게 왕위를 물려주었다. 칼날 양옆에 모두 여섯 개의 작은 칼날이 가지처럼 뻗어있는 철제칼 칠지도를 만들어 왜왕에게 하사했다. 그러나 백제의 기세는 평양성 공격 후 20년 만에 고구려의 정복군주 광개토왕에 의해 꺾이게 되었다. 475년 고구려 장수왕이 백제를 침공하여 개로왕을 죽였다. 백제에 거짓으로 망명한 도림승려에게 속아 바둑으로 소일하고 대규모 토목공사를 벌이다 망하게 되었다. 개로왕의 아들 문주왕은 수도를 한성에서 웅진을 옮겼다.

삼국 시대 말의 동아시아의 국제관계는 수·당·신라로 연결된 동서세력과 돌궐·고구려·백제·왜로 연결되는 남북세력이 맞섰다. 백제의 무왕은 수양제에게 사신을 보내 고구려 협공을 제의했다. 수는 612년 100만 대군으로 고구려를 공격했다. 을지문덕은 압록강을 건너 하루 7번 싸워 7번 패주하는 식으로 적의 피로를 가중시켰다. 수양제는 1차 침공에서 대패하고 전군이 철군했다. 수양제는 영양왕 (613)때 요동성을 공격하여 2차 침공을 감행했다. 수나라 민심은 고구려 침공을 두려워했다. 다시 30만 대군으로 3차 침공을 감행했지만 다시 패배했다. 결국 수양제는 고구려에 굴복했다. "짐이 천하의 주인이 되어 작은 나라 고구려를 친히 정벌해 이기지 못했으니 만대의 웃음거리가 됐다."라고 고백했다. 양제는 고구려를 결코 이길 수 없다는 절망감을 가졌다. 수의 3차 침공 패배와 뒤이은 당의 연속적인 패배는 중국인에게 깊은 인상을 남겼다. 이는 명나라에도 이어졌다. 1488년 조선에서 표류해온 최부에게 소주의 안찰어사들이 "당신 나라에 무슨 장기가 있어 능히 수·당을 물리칠 수 있었느냐."라고 질문했다. 중국을 통일한 수나라가 강성한 군사력과 국력을 가지고 천하의 군사력을 총동원하고도 고구려에게 패한 사실은 역사에 길이 남겨진 사실이다. 을지문덕은 문무를 겸전한 뛰어난 재능과 지혜와 용기를 두루 갖추고 있었다. 당태종은 신묘한 무력을 가지고서도 고구려 안시성을 공략하지 못했다. 연개소문은 다섯 자루 칼을 차고 다닐 정도로 성격이 포악하고 잔인했다. 영류왕이 친당정책의 일환으로 자신이 감독하고 있던 천리장성 축조를 축소하려고 하자 유혈 정변을 일으켜 영류왕을 살해하고 보장왕을 세웠다. 연개소문에 대한 평가는 두 가지다. 김부식은 당나라에 무모한 항쟁으로 나라를 망하게 한 인물로 폄하했다. 또한 신하가 고구려 영류왕을 죽이고 정권을 찬탈한 뒤 반대파를 무자비하게 숙청하여 당태종 이세민으로 하여금 고구려를 침공하도록 빌미를 제공했다고 비난했다. 김부식은 중국 역사가들과 같이 연개소문을 역적 또는 살인자로 폄하했다. 그러나 단재 신채호는 민족주의적 관점에서 당나라 침략군과 맞서 꿋꿋이 싸워 민족의 자존심을 지켜낸 영웅으로 추앙하고 있다.

당태종이 고구려 침공을 시작했지만 총 176개에 달하는 고구려 성 가운데 7개밖에 정복하지 못했다. 당군은 압록강을 건너지 못하고 당태종 이세민은 고구려 원정에서 한 눈을 잃고 퇴각했다. 이세민은 죽기 전 요동정벌을 하지 말라고 유언했다. 노자는 "만족함을 알면 욕을 당하지 않고 멈출 줄 알면 위태롭지 않다."라고 말했다. 350

년에 걸쳐 분열되었던 중국을 통일한 수나라가 불과 30년도 못 되어 멸망한 이유는 고구려 원정의 실패에 기인한다. 당도 원정에 실패하자 당나라는 동맹의 필요성을 절감하고 나당연합을 도모했다. 살수대첩을 비롯한 고구려와 수나라의 일련의 충돌은 4세기 이래로 분열을 거듭하던 중국을 수나라가 통일함에 따른, 동아시아 세력권의 재편성과정에서 나타난 충돌의 하나였다. 다시 말해 중국의 남북조와 북아시아 유목민 세계의 돌궐, 그리고 고구려·백제·신라 등을 축으로 편성된 동아시아의 국제질서는 수나라의 남북조 통일과 팽창에 따라 파괴되고 재편성되지 않을 수 없었다. 이러한 과정에서 새로 편성되어야 할 국제 질서에서의 주도권을 둘러싼 투쟁의 하나가 바로 고구려와 수나라의 충돌이었다.

한강

원래 백제는 신라와 연합하여 고구려를 물리쳤으나 동맹국 신라는 백제를 배신했다. 결국 고구려와 연합한 신라는 백제를 공격하여 한강유역을 독차지하려 했다. 이에 백제는 대가야와 합세해 관산성을 공격했다. 백제의 성왕은 최전선에서 전투에 참여했으나 김유신의 할아버지 김무력에게 사로잡혀 포로가 되었다. 병사가 두 번 절하고 성왕의 머리를 베려 하자 "왕의 머리를 노의 손에 맡길 수 없다." 라고 했다. 그러자 "우리 국법에 맹세한 바를 어기면 국왕이라도 노

의 손에 맡긴다."라고 하여 성왕이 크게 탄식하고 눈물을 흘리며 "뼈
에 사무치는 고통이 있지만 구차하게 살고 싶지 않다."라고 했다. 성
왕은 머리를 내밀어 목을 베도록 하자 노가 목을 베고 구덩이에 묻
었다고 일본서기에 기록되어 있다. 성왕의 아들 여창은 가까스로 사
비성으로 돌아가 위덕왕이 되었다. 백제는 관산성전투 패배 이후 70
년 후 의자왕 때 나당연합군에 의해 그 자취를 역사 속에 묻었다.

삼국 간의 치열한 세력경쟁은 언제나 한강을 중심으로 이루어졌
다. 4세기는 백제의 근초고왕이 한강을 차지했고 5세기에는 고구려
장수왕이 한강을 차지했다. 신라는 6세기 때 진흥왕이 한강을 접수
했다. 신라는 고구려와 백제를 지리적으로 갈라놓고 중국과 교류할
수 있었다. 신라가 삼국통일의 기틀을 마련한 것도 한강유역을 점령
함으로써 한반도 주도권을 장악한 것에 기인한다. 대한민국은 오래
전부터 한강을 점하고 있다. 그 결과 한강의 기적으로 익히 알고 있
는 전 세계에서 경제 10위권에 속하는 나라로 발돋움했다. 한강을
차지하고 있는 대한민국의 대적은 있을 수 없다. 설혹 북한과 같은
실질적인 공산집단이 있다고 하더라도 그것은 현실일 뿐이지 종국은
대한민국의 승리로 끝날 것이다.

항우와 유방

항우와 유방은 중국 역사에서 가장 치열하게 경쟁했던 라이벌이

다. 기원전 208년 두 사람은 초나라의 장수로서 당시 막강한 세력을 떨치던 진나라를 정복하러 출정했다. 항우는 진나라의 북쪽으로 향했고 유방은 수도 함양으로 곧바로 진격했다. 항우는 귀족 출신으로 힘이 세고 거구였다. 전장에서는 항상 선봉에 서서 용맹스럽게 싸우는 장수였다. 한편 유방은 농부 출신으로 장수의 면모는 없고 술과 여자를 좋아했다. 하지만 꾀가 많고 최고의 책사 장량을 곁에 두고 항상 그의 조언에 귀를 기울일 줄 알았다. 장량과 소하가 머리로 유방을 도왔다면 한신은 직접 전쟁터를 누비며 유방의 천하통일의 기초를 쌓았다. 한신은 처음 항우 휘하에서 항우를 위해 싸웠다. 그러나 항우는 한신이 건의한 여러 가지 계책을 단 한 번도 받아들이지 않았다. 한신은 항우를 버리고 유방진영으로 들어가 활약을 펼쳤다.

유방은 진나라를 정복하기 위해 날랜 군사를 이끌고 함양에 먼저 입성했다. 항우의 책사 범증은 늦기 전에 경쟁자 유방을 죽이라고 경고했다. 연회를 베풀고 칼춤으로 축하연을 벌이는 중간에 유방의 목을 베라고 조언했다. 그러나 유방이 함정이라는 것을 알아차리고 가까스로 도망갔다. 항우는 진나라의 어린 왕자를 죽이고 도성을 불태웠다. 이제 항우와 유방은 철천지 원수가 되었다. 항우는 유방을 추격하여 한 도성에 몰아넣었다. 범증은 다시 유방을 죽이라고 경고했다. 하지만 항우는 유방에게 자비를 베풀어 자신이 주군임을 인정받고 싶어 했다. 유방은 화친조약으로 군대를 교란시킨 후 포위망을 뚫고 도망쳤다. 항우는 또다시 눈앞에서 유방을 놓쳤다. 항우는 이성을 잃고 유방을 추격했다. 마침내 유방의 아버지를 생포한 후 소리쳤다. "지금 당장 항복하라. 그렇지 않으면 네 놈의 아버지를 산 채로 끓는 물에 넣어버리겠다." 그러자 유방은 차분한 목소리로 대답했다. "우리는 의형제다. 그러니 내 아버지는 네 아버지다. 그런데도 네가 자기 아버지를 끓는 물에 넣겠다면 내게도 그 삶은 물을 한 대접 보내거라." 이 말에 항우는 물러났고 싸움은 계속되었다. 몇 주 후 유방의 기습으로 항우의 군대는 포위당했다. 이제는 항우 쪽에서 화친을 요청했다. 유방의 책사 장량은 "그를 살려두면 호랑이를 키우는 것과 다름없습니다. 지금 죽이지 않으면 나중에 장군이 잡아 먹힐 것입니다."라고 말했다. 유방도 그 말에 동의했다. 항우는 해하전투에서 주위가 적으로 둘러싸여 고립무원의 상태에서 사면초가에 빠져있었다. "역발산기개세(力拔山氣蓋世)지만 추가 달리려 하지 않으니 우여 어찌한단 말이냐!" 하며 탄식했다. 추는 항우의 애마이며 우는 애첩이다. 오강에서 남은 자 8백 명을 이끌고 유방의 5천 기와 마지막 접전을 벌였다. 홀로 수백 명의 한군을 죽였지만 衆寡不敵으로 항우는 패하고 말았다. 항우는 "내 머리에 천금과 만호의 식읍이 걸려 있다고 한다. 내가 너 왕예에게 마지막으로 은혜를 베풀도록 하마."라고 말하고 스스로 목을 찔러 목숨을 끊었다. 왕예는 항우의 머리를 잘라 집어 들었고 다른 병사들이 항우의 나머지 몸을 차지하기 위해 결렬한 쟁탈전을 벌였다. 이 쟁탈전으로 수십 명의 사상자가 발생했다. 결국 항우의 목 아래 몸은 네 명이 나눠 차지했다. 유방은 항우를 물리친 후 승승장구하여 초나라 군대의 최고 장수가 되었다. 초나라 왕의 세력을 제압한 후 스스로 왕위에 올라 한고조로 등극했다.

조(朝)와 종(宗), 그리고 군(君)

고려는 918년부터 1392년까지 474년간 왕(王)씨가 집권했고 조선은 1392년부터 1910년까지 518년간 이(李)씨가 지배했다. 500년 가까이 지속되었던 고려왕조가 무너지고 다시 500년을 지속하는 조선왕조가 이어졌다는 것은 세계사에서도 유례를 찾아보기 힘든 사례다.

고려와 조선의 왕들에게 붙여지는 묘호는 원칙이 있다. 왕조를 처음 일으킨 창업군주에게는 조를 쓰고, 왕업을 계승해서 나간 수성군주에게는 종을 사용한다. 조나 종은 왕이 살아있을 때 붙이는 칭호가 아니라 임금이 죽은 다음 종묘에 모셔질 때 붙여지는 묘호다. 여기에 예외가 있다. 고려 시대에는 원나라에 복속되어 원에 충성한다는 의미로 충자를 붙이게 하고 왕의 등급도 낮추어 조나 종 대신 왕을 사용했다. 그래서 충○왕이라고 쓰게 되었다. 이러한 원나라의 간섭 이전에는 원칙대로 태조 왕건을 빼고는 모든 왕에게 종자를 썼다. 조선에 들어와서는 창업과 수성에 따른 구분이 엄격히 지켜지지 않았다. 창업은 아니더라도 창업에 비견할 만한 업적이 있거나 위기를 극복한 왕에게는 종 대신 조를 붙였다. 세조, 선조, 인조, 영조, 정조, 순조 등이 그 예다. 이 중에는 처음에는 종이었다가 뒤에 가서 다시 평가하여 조로 높아지는 경우가 많았다. 이에 비해 군은 왕자에게 붙는 칭호다. 연산군이나 광해군은 모두 왕자 때 붙여진 이름이다. 이들이 왕이 되었음에도 불구하고 쫓거나 왕위계승 자격을 상실했기 때문에 왕자 때의 이름을 그대로 사용하는 것이다. 이들은 종묘에서도 배제되었다. 단종은 세조에 의해 노산군으로 강등되었다가 숙종 대에 이르러 다시 단종으로 복원되었다.

팔레스타인 역사와 분쟁

기원전 2000년경 아브라함이 젖과 꿀이 흐르는 약속의 땅, 가나안에 정착하면서 이스라엘인(헤브라이인)들은 팔레스타인 지역에 살기 시작했다. 아브라함의 후손인 야곱의 12지파는 팔레스타인에서 삶의 터전을 마련하고 유대인의 선조가 되었다. 팔레스타인 지역에 가뭄이 닥치자 이들은 이집트로 이주했다. 이들의 상황은 성경 출애굽기에 기술되어 있다. 그러나 이집트에서의 생활은 고난의 연속이었다. 헤브라이인에 대한 람세스 2세의 박해는 가혹했다. 지도자 모세는 헤브라이인들을 이끌고 홍해를 가르고 출애굽

하여 다시 가나안으로 돌아왔다. 그러나 가나안은 블레셋 사람들이 살고 있었다. 블레셋과 전쟁을 하기 위해 지도자 사울을 왕으로 세웠다. 골리앗과의 싸움에서 다윗이 승리했다. 다윗은 왕으로 추대되었고 그 아들 솔로몬이 예루살렘 성전을 건축했다.

솔로몬왕국은 솔로몬의 사후 북이스라엘과 남유다로 분열되었고 각각 아시리아와 신바빌로니아에 의해 멸망했다. 남유다는 신바빌로니아의 네부카드네자르 2세에 의해 바빌론으로 끌려가 바빌론 유수라는 민족적 수난을 겪게 된다. 유대인들은 바빌론 유수를 시작으로 1948년 팔레스타인 땅에 이스라엘을 건국하기 전까지 전 세계에 흩어져 살게 되었고 이를 '디아스포라'라고 한다.

팔레스타인은 유대교, 기독교, 이슬람교 모두가 성지로 여기는 곳이다. 지중해 동쪽 연안에 위치한 팔레스타인은 기원전 1000년경에 유대인이 왕국을 건설한 지역의 명칭이다. 또한 고고학적으로도 메소포타미아문명의 발상지인 티그리스강과 유프라테스강이 흐르는 소위 비옥한 초승달 지역으로 불리는 곳이다.

기독교에서는 팔레스타인이 예수가 십자가에 달렸던 골고다가 있는 곳이기 때문에 성지로 여긴다. 한편 이슬람교에서는 창시자 무함마드가 예루살렘에서 승천했기 때문에 예루살렘을 성지로 간주한다. 이와 같이 유대교, 기독교, 이슬람교의 세 종교가 공존하는 장소가 팔레스타인이지만 1948년 이스라엘이 팔레스타인에서 독립국가로 건국하기까지는 평화적으로 공존했다. 제1차대전 당시 팔레스타인은 오스만제국의 영토였다. 영국은 오스만제국과의 전쟁에서 승리한 후 1917년 영국의 외무 장관 밸푸어가 팔레스타인 지방에 유대인의 국가 수립을 약속하는 벨푸어 선언을 하게 된다. 이 선언은 **근현대 중동의 역사를 뒤흔든다.** 벨푸어 선언을 통하여 유대인들의 팔레스타인 귀환을 약속했다. 영국은 유대인의 힘을 활용해 미국을 참전시키려고 벨푸어 선언을 내놨다는 비판을 받았다. 이스라엘은 이 결의안을 받아들였지만, 아랍인들은 거부했다. 1930년 히틀러의 유대인 멸절이 시작되자 이를 피하기 위해 유대인이 팔레스타인으로 대거 밀려왔다. 아랍인들은 영국의 팔레스타인 위임통치와 유대인의 이주를 격렬히 반대했다. 2차대전이 끝나자 영국은 팔레스타인 통치권을 유엔으로 이양했다. 유엔은 1947년 팔레스타인을 유대인 국가와 아랍인 국가로 나누고 예루살렘은 국제관리지구로 삼았다. 제2차 세계대전 종료 이후인 1947년에 팔레스타인 문제 해결을 위하여 유엔이 제안한 **팔레스타인 분할안**은 팔레스타인 지역을 유대인 국가, 아랍인 국가, 예루살렘으로 분할하는 안건이다. 결의안에 따르면 당시 팔레스타인 지역에서 유대인이 소유한 땅은 전체 토지의 약 6%에 불과했지만 분할 후 유대인은 팔레스타인 지역의 56%나 차지하게 된다. 유엔의 분할안을 실질적으로 주도한 나라는 미국이므로 이때부터 중동의 미국에 대한 증오가 시작되었다. 유엔의 분할안을 유대인은 받아들였지만 아랍인은 거부했다. 이런 과정을 거쳐 1948년 이스라엘이 건국되었다. 건국과 동시에 이스라엘과 아랍의 여러 나라 사이에서 1차 중동전쟁이 일어났고 이스라엘이 승리했다. 그러나 이스라엘은 영토를 더욱 확장했으며 팔레스타인에서 국가는 오직 이스라엘뿐인 상황이 되었다. 이후 네 차례의 전쟁과 교섭을 통해 지중해에 면한 가자지구와 내륙의 요르단강 서안지구에 팔레스타인 자치구가 생겨났다. 가자지구를 실질적으로 지배하고 있던 수니파 원리주의자들은 이스라엘을 몰아내기 위해 이슬람 저항 운동 단체인 하마스를 중심으로 대 이스라엘 무장투쟁을 계속하고 있다.

바빌론의 공중정원

바빌론의 공중정원은 이집트의 피라미드, 알렉산드리아의 등대, 에페소스의 아르테미스 신전, 마우솔로스의 영묘, 올림피아의 제우스 상, 로도스의 거상과 함께 세계 7대 불가사의로 꼽힌다. 바빌론의 공중정원은 기원전 6세기 바빌론의 국왕, 느부갓네살 2세가 아름다운 왕비 아미티스를 위해 지었다. 북쪽 산간지역 출신의 왕비는 바빌론의 무덥고 건조한 기후와 단조로운 평원의 풍경에 익숙지 않아 고향의 푸르른 숲과 맑은 물을 늘 그리워했다. 왕은 아내의 향수를 달래주기 위해 왕비의 고향 분위기를 풍기는 정원을 지으라고 명령했다.

3층 높이의 공중정원은 속이 비어있는 기둥을 사용하여 물이 아래층에서 꼭대기까지 바로 올라오도록 안에 펌프를 달아 유프라테스강의 물을 끌어올렸다. 가뭄이 들어도 공중정원은 영향을 받지 않고 항상 울창하고 신선한 꽃이 사계절 내내 피어났다.

출처: Wikimedia Commons, the free media repository

공중 정원은 계단식 테라스에 흙을 묻고 강물을 끌어올려 온갖
나무와 식물을 심고 가꾸었다.

미주

1)『최고의 전략은 무엇인가』, 크리스 주크 제임스 앨런 공저, 이혁진 역, 청림출판, 2013, 119p.

2)『미래나침반』, 니콜라스 로어, 하영목 역, 흐름출판, 2010, 18p.

3)『성공으로 가는 법칙』, 오리슨 스웨트 마든, 김시현 역, 다리미디어, 2003, 115-116p.

4)『거인의 어깨 위에 올라서라』, 마이클 겔브, 정준희 역, 청림출판, 2003, 78p.

5)『12가지 인생의 법칙』, 조던 피터슨 저, 강주헌 역, 메이븐, 2-18p, 282-283p.

6)『마스터리의 법칙』, 로버트그린 저, 이수경 역, 살림BIZ, 2013, 379p.

7)『경영은 사람이다』, 이병남 저, 김영사, 2014, 71p.

8)『경영과 삶』, 오세열, 청목출판사, 2013, 197p.

9)『히든 솔루션』, 다니엘 R. 카스트로 저, 이영래 역, 유노북스, 2017, 379p.

10)『전략적 리더십』, 이승주, SIGMA INSIGHT, 2005, 91p.

11) 플라톤에 따르면, 이데아는 현상 세계 밖의 세상이며 이데아는 모든 사물의 원인이자 본질이다. 현상 세계에서 모든 것들은 낡고 사라지는 것에 반해, 이데아는 시간이 흘러도 그 모습은 변하지 않는다. 현상 세계의 사물들이 궁극적으로 되고자 하는 것이 이데아다.

12) '윤희영의 New English', 「조선일보」, 2013.4.26., A29면.

13)『융, 중년을 말하다』, 대릴 샤프저, 류가미 역, 북북서, 157-162p.

14) https://www.a-ha.io

15) 『중국, 도적황제의 역사』, 타카시마 토시오 저, 신준수 역, 역사넷, 2007.

16) https://ko.wikipedia.org > wiki > 벤저민_프랭클린

17) 「조선일보」 2012.11.30., A26면.

18) 『명나라 후궁 비사』, 후단 저, 이성희 역, 홀리데이북스, 2019, 257-302p.

19) 승자의 역사를 만드는 뻔뻔함과 음흉함의 미학. 面厚心黑(얼굴이 두껍고 마음이 검다)의 줄인 말이 厚黑이다.

20) 일본 최초 국가인 야마토왕권(大和王權)의 정신을 말한다. 精神一到何事不成 (정신일도 하사불성)의 의미다. **정신을 하나로 모으면 어떠한 일도 할 수 있다는 정신을 말한다.**

참고문헌

- 강정만, 『중국을 통일한 영웅들의 이야기』, 학교방, 2003.
- 그레스만·마르쿠스, 『아문센 마인드』, 배진아 역, 생각의 나무, 2004.
- 기류 미사오, 『사랑과 잔혹의 세계사』, 이선희 역, 바움, 2008.
- 기류 미사오, 『상식으로 꼭 알아야 할 세계사 속의 미스터리』, 박은희 역, 삼양미디어, 2011.
- 기시모토 미오·하마구치 노부코, 『동아시아 속의 중국사』, 정혜중 역, 혜안, 2016.
- 김영수, 『태산보다 무거운 죽음 새털보다 가벼운 죽음』, 한국출판마케팅연구소, 2015.
- 다니엘 R. 카스트로, 『히든 솔루션』, 이영래 역, 유노북스, 2017.
- 다마키 도시아키, 『세계사의 중심축이 이동한다』, 서수지 역, 사람과사람사이, 2020.
- 다케우치 미노루, 『교양으로 읽어야 할 중국지식』, 양억관 역, 이다미디어, 2006.
- 대릴 샤프, 『융, 중년을 말하다』, 류가미 역, 북북서, 2008.
- 데이비드 그레이버, 『가치이론에 대한 인류학적 접근: 교환과 가치, 사회의 재구성』, 서정은 역, 그린비, 2009.
- 데이비드 롤, 『문명의 창세기』, , 김석희 역, 해냄, 2001.
- 데이비드 코드 머레이, 『Borrowing 바로잉』, 이경식 역, 흐름, 2011.
- 레온 트로츠키, 『트로츠키: 테러리즘과 공산주의』, 노승영 역, 프레시안북, 2009.
- 로렌스 프리드먼, 『전략의 역사 2』, 이경식 역, 비즈니스북스, 2014.

- 로버트 D. 카플란, 『지리의 복수: 지리는 세계 각국에 어떤 운명을 부여하는가?』, 이순호 역, 미지북스, 2017.
- 로베르 클라르크, 『천재들의 뇌』, 이세진 역, 해나무, 2004.
- 마이클 몰·줄리안 버킨쇼, 『자이언트 스텝』, 신승미 역, 비즈니스맵, 2009.
- 마이클 미칼코, 『생각을 바꾸는 생각』, 박종하 역, 끌리는책, 2013.
- 마이클 스티븐슨, 『전쟁의 재발견: 밑에서 본 전쟁의 역사』, 조행복 역, 교양인, 2018.
- 모리아 히로시, 『황제에게 길을 묻다: 끊임없는 자기 조절과 희생의 성공학!』, 양원곤 역, 마당넓은집, 2007.
- 모토무라 료지, 『처음 읽는 로마사』, 이민희 역, 문학동네, 2015.
- 모토무라 료지, 『천하무적 세계사』, 서수지 역, 사람과나무사이, 2019.
- 미야자키 이치사다, 『중국통사』, 조병한 역, 서커스출판상회, 2016.
- 보니파스·베드린 공저, 『지도로 보는 세계』, 강현주 역, 청아출판사, 2017.
- 사이토 다카시, 『가르치는 힘』, 강수연 역, 경향BP, 2016.
- 수 거하트, 『이기적인 사회: 우리는 어떻게 사람이 아닌 돈을 사랑하게 되었나?』, 김미정 역, 다산북스, 2011.
- 슈테판 츠바이크, 『천재 광기 열정 1』, 원당희 역, 세창미디어, 2009.
- 스콧 L. 몽고메리·대니얼 치롯, 『현대의 탄생』, 박중서 역, 책세상, 2018.
- 스티븐 M. 샤피로, 『24/7 이노베이션』, 김원호 역, 시아출판사, 2003.
- 스티븐 맨스필드, 『처칠의 리더십』, 김정수 역, 청우, 2003.
- 신채식, 『100가지 주제 중심 중국통사』, 삼영사, 2019.
- 앤 서머싯, 『제국의 태양 엘리자베스 1세』, 남경태 역, 들녘, 2005.

- 야마모토 미토시, 『심리학이 경제학을 만나다』, 이서연 역, 토네이도, 2008.
- 에드워드 기번, 『로마 제국 쇠망사』, 가나모리 시게나리 감수, 한은미 역, 북프렌즈, 2010.
- 오카다 히데히로, 『세계사의 탄생』, 이진복 역, 황금기지, 2002.
- 우야마 다쿠에이, 『혈통과 민족으로 보는 세계사』, 전경아 역, 센시오, 2019.
- 워런 버거, 『어떻게 질문해야 할까』, 정지현 역, 21세기북스, 2014.
- 이나가키 히데히로, 『세계사를 바꾼 13가지 식물』, 서수지 역, 사람과 나무사이, 2019.
- 자크 아탈리, 『호모 노마드: 유목하는 인간』, 이효숙 역, 웅진씽크빅 2005.
- 주디 더튼, 『1% 천재들의 과학 오디션』, 강혜정 역, 21세기북스, 2012.
- 짐 콜린스·모튼 한센, 『위대한 기업의 선택』, 김명철 역, 김영사, 2012.
- 츠루오카 사토시, 『마이너리티 세계사』, 윤새라 역, 어젠다, 2014.
- 크리스토퍼 히버트, 『도시로 읽는 세계사』, 한은경 역, 미래M&B, 2002.
- 토머스 M. 쿨로풀로스, 『혁신의 탄생』, 정윤미 역, 대성닷컴, 2010.
- 토머스 해리슨, 『성공에의 몰입』, 서상태·이재연 역, 웅진씽크빅, 2007.
- 호에닉 크리스토퍼, 『위대한 도전자 42인의 문제해결 법칙』, 박영수 역, 예문, 2004.
- 후단, 『명나라 후궁 비사』, 이성희 역, 홀리데이북스, 2019.